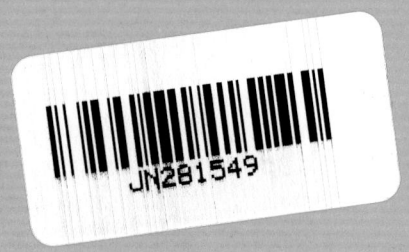

幼稚園・保育園のクラス担任シリーズ④

活動を始める前の

ちょこっとシアターBEST41

グループこんぺいと編著

黎明書房

はじめに

幼稚園・保育園のクラス担任シリーズ④
『活動を始める前のちょこっとシアター BEST41』
をお届けします。

何かの活動を始める前に、
子どもたちの気持ちが落ち着かなかったり、
集中しなかったりして困ったことはありませんか?
まずは、子どもたちの興味や関心を、
こちら側に向かせる“きっかけ”が必要です。
「あれ?」「何が始まったの?」「わあ、楽しそう!」と、
子どもたちの心をギュッとつかんでおけば、
その後の本題（活動や行事）へスムーズに
移行していくことができるはず。
そんな“きっかけ作り”の役目を果たす、
ちょこっとシアターをご紹介します。
身近にある素材を活用して、準備に手間がかからず、
誰でも簡単にできるものばかり。
「ふれあいあそびの前に」など、シチュエーションを
設定していますが、これに限るわけではありません。
素材を変えたり、大きさを変えたりすれば、
さまざまなシーンに応用することができます。
日常の保育活動から大きな行事・イベントまで、
活動を始める前のちょこっとシアターで、
子どもたちの「ワクワク!」や「ドキドキ!」や
「ウキウキ!」を引き出しましょう!

もくじ

はじめに 1

第1章 紙を使って、ちょこっとシアター 5

1 ふれあいあそびの前に なかよしちょうちょう 6

2 保護者参観の前に ぱっくんお面 8

3 初めてはさみを使う前に うずまきへび 10

4 シアターの前に つつわんこ 12

5 お月見会の前に でたでたお月さま 14

6 お楽しみ会の前に メビウスの不思議な輪 16

7 クレヨンを使う前に 浮き出る絵 18

8 運動あそびの前に 抜けない紙 20

9 夏の水あそびの前に しずめ！ 潜水艦 22

10 折り紙あそびの前に 季節の山やま 24

11 集団あそびの前に 折ってめくって百面相 26

12 読み聞かせの前に うさぎのおうち 28

13 七夕飾りを作る前に びろろ～ん網 30

⑭ お誕生日会の前に　赤が好きな紙コップ　32

⑮ お楽しみ会の前に　色いろセロハン　34

⑯ 日常保育の合い間に　びりびりスティック　36

⑰ 園外保育の前に　紙電車でGO!　38

⑱ 発表会の幕間に　たまごがいっぱい!　40

Column　子どもをひきつけるパフォーマンスのポイント①　42

第2章　段ボールや紙コップを使って、ちょこっとシアター　43

⑲ 新しいあそびを始める前に　?ボックス　44

⑳ お誕生日会の前に　くねくねロボット　46

㉑ クリスマス会の前に　でるでるボックス　48

㉒ イベントの進行に　占いボックス　50

㉓ 生活指導の前に　食べたらうんち　52

㉔ 雨の日あそびの前に　着せかえ紙コップ　54

㉕ 日常保育の合い間に　ぽんぽこ顔変化　56

㉖ 歯みがき指導の前に　くるくる紙皿　58

第3章　レジ袋やポリ袋を使って、ちょこっとシアター　61

㉗ お泊り会の夜に　懐中ぴかりん　62

㉘ 運動あそびの前に　ゆらゆらクラゲート　64

㉙ 冬のイベントの前に　くっつき人間　66

㉚ 夕涼み会の前に　ミラクルジュース　68

㉛ イベントの進行に　にょきにょき魔王　70

㉜ 日常保育の合い間に　おこりんぼハット　72

㉝ 遠足や散歩の前に　ぼよよ〜んネコ　74

Column　子どもをひきつけるパフォーマンスのポイント②　76

第4章　布や雑貨を使って、ちょこっとシアター　77

㉞ バスレクの前に　イモムシの変身　78

㉟ おばけ大会の前に　てるてるおばけ　80

㊱ イベントの進行に　ふろしきダンシング　82

㊲ 夏のあそびの前に　洗濯物人形　84

㊳ 帰りの会の前に　ちらり劇場　86

㊴ 冬のイベントの前に　にょろマフラー　88

㊵ 身体測定の前に　ベロベロエプロン　90

㊶ 日常保育の合い間に　飛び出すおなか　92

第1章 紙を使って、ちょこっとシアター

画用紙や折り紙、新聞紙など、
手近にある紙を使ってできるちょこっとシアターです。
折ったり、切ったりするだけなのに、
驚きや不思議や発見がいっぱい!
簡単にできるので、さっそくチャレンジしてみてください。

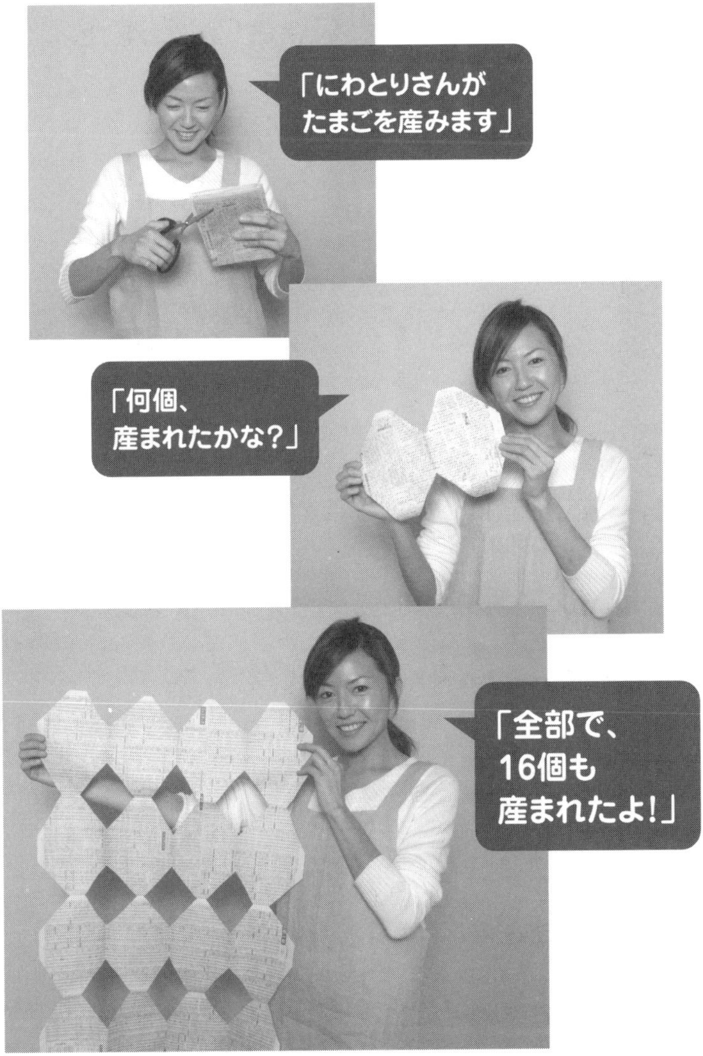
「にわとりさんが たまごを産みます」
「何個、産まれたかな?」
「全部で、16個も 産まれたよ!」

発表会の幕間に「たまごがいっぱい!」40ページをご覧ください ▶

1 ふれあいあそびの前に なかよしちょうちょう

初めての環境に、まだとまどいを抱いている子どもたち。学期初めの活動の前に、紙で作ったちょうちょうを指にはさんで、保育室で飛ばしましょう。

準備 色画用紙（あまり厚くないタイプのもの、または折り紙、カラーのコピー用紙などでもOK）、クレヨン、はさみ

「みんな、ちょうちょうって知ってる?」

まず、子どもたちに、ちょうちょうのことを問いかけてみます。

「こんな色のちょうちょう、見たことあるかな?」

「じゃあ、この色はどう?」

黄色や白やピンクの紙を取り出し、子どもたちに見せながら、話しかけます。

画用紙を
折って切るだけ

小人数～クラス単位

朝や帰りの会、はさみを初めて使う前など、日常保育の合い間に使えます。

「ちょうちょうの羽は、どんな形だっけ？」

色画用紙を半分に折り、クレヨンで1枚の羽の形を描いて、それをはさみで切ります。

「あれ？　先生の指にとまったよ!」

切った紙を開いて、中心部を人差し指と中指ではさみ、ひらひらと手を動かします。もう1つちょうちょうを作り、もう一方の手ではさみます。

「ひらひら、ひらひら、あっ、まきちゃんの頭にとまったよ。ひらひら、ひらひら、次はだれのところに行くのかな？」

ちょうちょうをひらひらと動かしながら、子どもたちの中に入っていき、みんなの体にとまっては飛び、とまっては飛びを繰り返します。

Go! Next!

このまま、ふれあいあそびに入っていってもよし、『ちょうちょ』の歌を歌うもよし。子どもたちの緊張がほぐれたタイミングを見計らって、次の活動に移ります。

② 保護者参観の前に ぱっくんお面

友だちや保育室にも、少しずつ慣れてきた５～６月。けれども、ゴールデンウィーク明けや保護者参観日など、子どもたちにとっては、まだまだ緊張の連続です。簡単に作れるお面で、子どもたちの緊張をほぐしましょう。

準備　色画用紙（できれば、両面で色が異なるダブルクラフト紙）、はさみ、マーカー

作り方

1　画用紙をよこ半分に折り、折り線と垂直に、切り込みを入れます。
2　切り込みを入れた部分を、上と下に開くようにしながら、折り目をつけます。
3　画用紙を開いて、くちばしになるように、折り目部分を内側に折り返します。
4　マーカーで目を描きます。

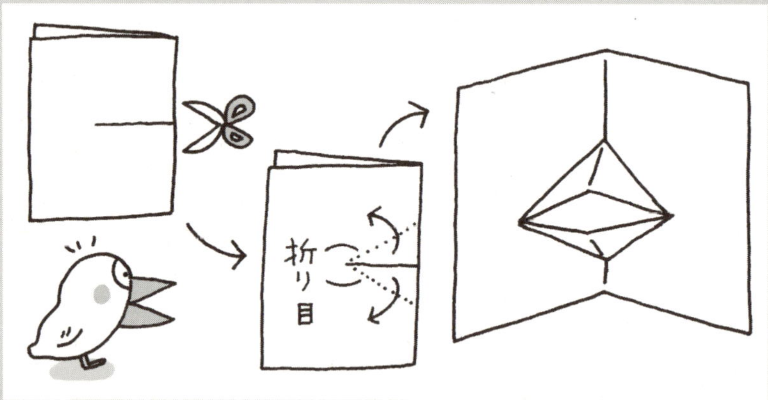

仕上がり例

扱い方　両手で画用紙の両端を持ち、顔の前で紙をたたんだり開いたりします。口がパクパク動くので、表情が出て、とってもおもしろい!

画用紙を
折って切るだけ

小人数～クラス単位

子どもが緊張しているときや、次の活動に移るときなどに使えます。

「パクパク！ パクパク！ ぼくは、ぱっくん。今日は、いいお天気だね～。パクパク！」

お面を顔に当て、手を動かし口をパクパクさせながら、子どもたちに話しかけます。
いつもの保育者の変身した姿に、子どもたちはくぎづけ！

「あれ？　こんなところに、髪の毛の長い女の子がいるよ。パクパク。お名前は？」

近くにいる子どもに、直接、話しかけてやりとりをしながら、子どもたちの緊張した心をほぐしていきます。

「恥ずかしいのかな？じゃあ、ぱっくんに任せて！」

子どもが恥ずかしがっていたら、ぱっくんを渡してあげましょう。

Go! Next!

子どもたちとぱっくんが仲良くなったら、参観日の本題へと移ります。子どもたちでも簡単に作れるので、このまま造形活動に流れていくのも自然です。

③ 初めてはさみを使う前に うずまきへび

初めてはさみを使う前に、「はさみって、どんなものなの？」「わあ、すごい。紙が切れちゃうよ」と、子どもたちの興味を引き出しましょう。しっかりと子どもたちの心をつかんでから、使い方の注意を教えてあげてください。

準備　色画用紙、はさみ、マーカー

色画用紙を四角と丸に切り、そこにマーカーやクレヨンでうずまきの線を描いておきます。

「ぐるぐる丸いうずまきと、四角いうずまき。さて、これは何でしょうか？」

準備しておいた紙を子どもたちに見せ、クイズのように問いかけます。

「ロールケーキ？のり巻き？　キャンディ？めいろの道？」

子どもたちから、色いろな答えを引き出します。

画用紙を切るだけ

小人数〜クラス単位

はさみだけでなく、道具を使う造形活動の前に。
道具で変化していく素材を見せることで、子どもたちの興味をひきつけます。

**「チョッキンはさみの
登場です!
ちょきちょき、ちょきちょき
紙を切っていくと……」**

はさみを取り出し、子どもたちの前で、
紙に描いた線に沿って切っていきます。
このとき、机や台の上で紙を切るようにしましょう。

**「びょよよよ〜ん!!!
へびさんが
出てきたよ!」**

切った紙を机や台の上に置き、中心部を持って、
上に持ち上げます。
平面だった紙が、くねくねとしたへびに変身!

Go! Next!

子どもたちの集中力が高まったところで、道具の使い方の説明に移ります。その後、年長さんならみんなで一緒に「うずまきへび」を作るのも楽しいでしょう。中心部にひもをテープでつけて、凧のように飛ばしてあそんでも楽しいものです。

④シアターの前に つつわんこ

色画用紙に切り込みを入れて、丸めてテープで留めるだけで、簡単にかわいい犬を作ることができます。子どもたちの前で、瞬時に犬を作り上げ、シアターや読み聞かせの進行役を任せてみましょう。

準備 色画用紙（できれば、両面の色が異なるダブルクラフト紙）、はさみ、マーカー、セロハンテープ

画用紙にイラストのような6本の線を描き、はさみで切ります。マーカーで口と目を最初に描いておいてもOK。

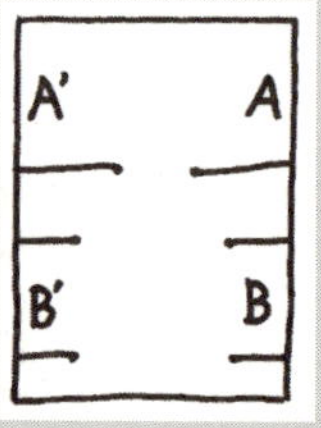

以下は、子どもたちの前で仕上げていきます。イラストのAとA'を合わせ、セロハンテープで留め、BとB'をAとは反対側に合わせて留めます。目と口をマーカーで描き、しっぽと耳の切り込みを入れて立たせれば完成。

「ひらひら、ひらひら。何かがこっちにやってきたよ」

切り込みを入れて準備しておいた紙をひらひらさせながら、子どもたちに見せます。クイズ形式で問いかけをしながら、子どもたちの答えを待ちましょう。

「魔法のじゅうたん？海を泳ぐお魚かな？」

子どもたちから、色いろな答えを引き出します。

画用紙を
切って丸めるだけ

小人数～クラス単位

シアターや読み聞かせ会の前など、子どもたちの注意をこちら（舞台）に向かせたいときに最適。即興で作ったキャラクターが進行役を務めます。

「くるりと丸めて、テープでピタ。こっちも丸めて、テープでピタ！」

切り込みを入れた部分を丸めてセロハンテープで留め、犬を完成させていきます。
（作り方は左ページの準備を参照）

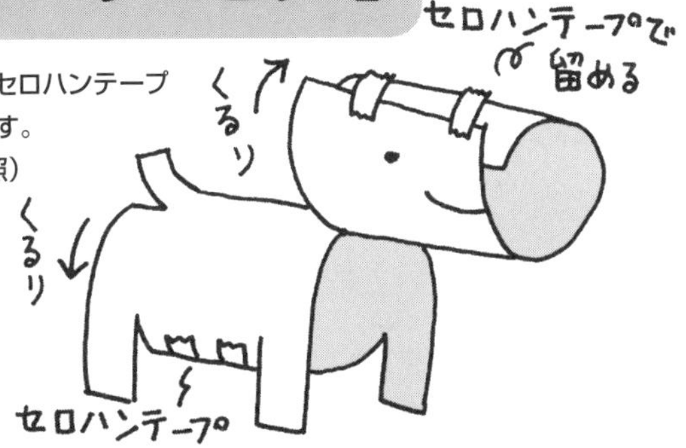

「しっぽと耳を作って、目を描くと…」

耳としっぽの切り込みを入れ、立たせます。
最後に、マーカーで目と口を描いて、
みんなの前で仕上げましょう。

「みなさん、はじめまして！今、生まれたばかりのわんわんわんこでーす！」

Go! Next!

このまま、わんわんわんこに、行事の進行役を任せてしまいましょう。「楽しいお話が聞きたいね～」「今日は、何のお話が聞けるかな？」など、保育者がわんこに話しかけ、わんこが子どもたちに話しかけるようにしながら、かけ合いをしていきます。

5 お月見会の前に でたでたお月さま

画用紙を折り、半円を切り、それを広げて丸を作るだけのしかけです。あらかじめ、内側の面に、お月さまの顔を描いておきましょう。

準備 色画用紙、はさみ、マーカー

画用紙にマーカーでお月さまの顔を描いておきます。その面を内側にして、２つ折りにします。

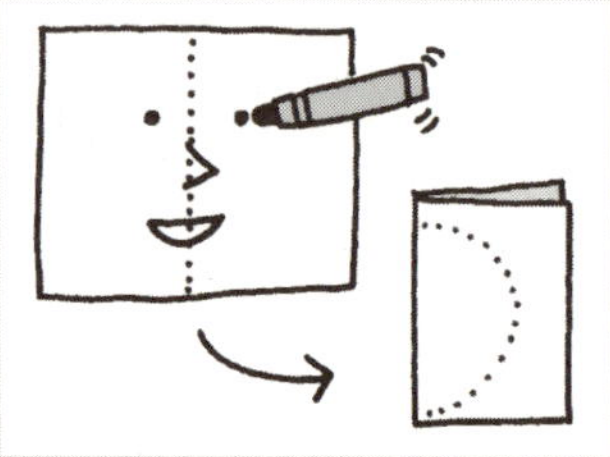

「お月さまって、どんな形をしている？」

子どもたちに、お月さまの形について問いかけます。

「半分だけの、こんな形かな？」

画用紙を２つ折りにして半円に切り、それを子どもたちに見せます。

画用紙に描いて
折って切るだけ

小人数～クラス単位

お散歩に出る前に太陽を登場させたり、日常保育の合い間にも使えます。

**「みなさん、
こんにちは。
まんまる
お月さまです！」**

切った半円を、バーンと広げて、
まんまるお月さまを登場させます。

**「今日の夜、
外に出て、
私を探して
みてくださいね」**

お月さまが子どもたちにやさしく
語りかけます。

**「私と同じ、まんまるお月さまが、
ニコニコ笑っているよ」**

プラスαの工夫

紙を何枚か重ねて切り、お月さまをいくつも
登場させ、子どもたちに配るのもいいでしょう。

Go! Next!

お月さまの話をしながら、お
月見の会に移っていきます。

6 お楽しみ会の前に メビウスの不思議な輪

長い紙を輪にして切るだけの、ちょっとした手品あそび。「切ったのに大きな輪になる」「切ったのに２つの輪がつながっている」の２パターン。大きな輪を作れば、大人数の前でもできる“きっかけパフォーマンス”になります。

準備

色画用紙（または、紙テープ）、はさみ、セロハンテープ

1 細長く切った紙を輪にしてセロハンテープで留めます。（→最初に切る輪／切ると2つに分かれる）
2 細長く切った紙を1回ねじって輪にし、セロハンテープで留めます。（→2番目に切る輪／切ると大きな輪になる）
3 細長く切った紙を2回ねじって輪にし、セロハンテープで留めます。（→最後に切る輪／切ると2つの輪がつながる）

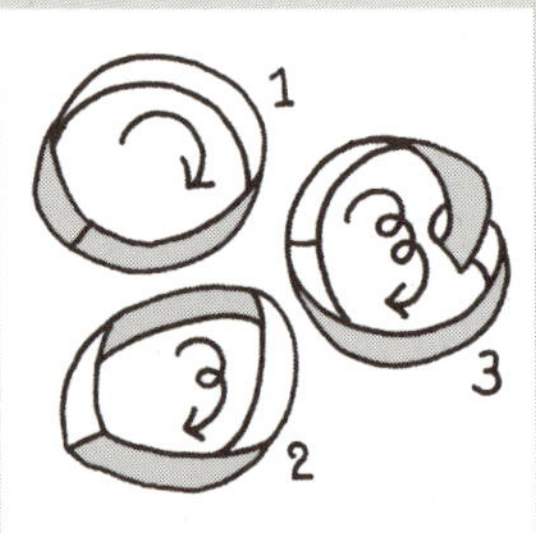

「ここに大きな輪があります」

子どもたちに、準備１で作った輪を見せます。まず最初に、はさみで切ると、輪が2つに分かれるということを見せておきます。

「この輪を、はさみでジョキジョキ、ジョキジョキしますよ」

紙のセンター部分をはさみで切っていきます。

「はい！　輪が2つに切れました」

画用紙を
輪にして切るだけ

中人数～複数クラス

お楽しみ会やお誕生日会など、出しもののあるイベントの前にやれば、
子どもたちの注目を集めることができます。

「じゃあ、こっちの輪も切ってみようね」

準備２で作った輪を取り出し、同様に、
紙のセンター部分をはさみで切ります。

「切ったのに大きな輪ができちゃった！」

「もうひとつの輪も切ってみようか？」

準備３で作った輪をみんなに見せ、
紙のセンター部分をはさみで切ります。

「あれれ？　今度は2つの輪がつながっちゃった！　不思議だね～」

プラスαの工夫

紙テープや折り紙を使えば、クラス単位でもできます。子どもたちと一緒にやりながら、七夕飾りを作るのも楽しいですね。

Go! Next!

「不思議なことがいっぱいあるね～。じゃあ、つぎは…」とつなぎながら、子どもたちが舞台に集中している間に、会を進行させていきます。

7 クレヨンを使う前に 浮き出る絵

白い画用紙に白いクレヨンで絵を描き、その上に絵の具を塗り、白い絵を浮き上がらせます。クレヨンの「水をはじく」という性質を使った簡単手品。これをきっかけに、クレヨンや絵の具を使う楽しさを伝えましょう。

準備

白い画用紙、白いクレヨン、
水彩絵の具
（赤や青などはっきりとした色）

白い画用紙に白いクレヨンで絵を描いておきます。

「今日は、みんなに先生の描いた絵を見てもらいたいと思います」

子どもたちに、準備した紙を見せます。

「あれれ？　真っ白！
おかしいな〜、
一生懸命、描いたのに
消えちゃった！」

画用紙に
描いて塗るだけ

小人数～クラス単位

クレヨンや絵の具を初めて使う前、造形あそびの前などに。少しずつ絵を浮き上がらせ、何が描いてあるのかを当てっこするクイズにも応用できますね。

「絵の具を塗って ごらんなさ～い」

声色を使い「天からの声」を出します。じゃあ、言う通りにしてみよう! と言いながら、絵の具を紙に塗っていきます。

「わあ～、絵が浮き出てきたよ!」

子どもたちに、浮き上がった絵を見せます。

Go! Next!

「どうして最初に描いた絵は、見えなかったのかな? みんなも描いてみようよ」と、子どもたちにクレヨンの不思議を問いかけながら、クレヨンの性質を伝え、そしてクレヨンあそびに移っていきます。

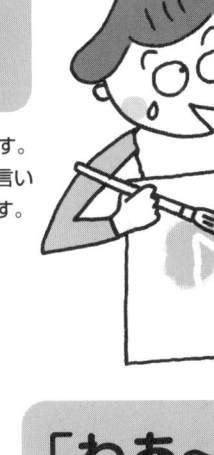

8 運動あそびの前に 抜けない紙

画用紙を交互に重ねて、両サイドから引っ張りっこをします。紙の摩擦により、紙は簡単に抜けません。子どもたちに引っ張りっこをやってもらい、実際に「抜けない紙」を体験してもらうアトラクションです。

準備　画用紙を50枚程度

トランプを切るときの要領で、紙を交互に重ねます。少し練習をしておきましょう。

「今日は、ちょっとおもしろい準備体操をしてみましょう！」

用意した紙をみんなに見せ、半分に分けます。

「パラパラ、パラパラ。こうやって、交互に紙を重ねていきますよ～」

紙を重ねて、最後は上をパンパンとたたき、隙き間ができないようにします。

画用紙を重ねて引っ張るだけ

小人数〜クラス単位

ホールで運動あそびをやる前の準備体操に。また、子どもが体を適度に動かすので、保育室での気分転換や雨の日あそびの前にも使えます。

「端と端を持って、引っ張り合いっこをしてみよう!」

子どもを2人呼び、紙の端と端を持たせて引っ張り合いっこをしてもらいます。

※このとき、紙の間に隙き間があると、摩擦の力がなくなり、簡単に抜けてしまうので、注意を。

「あれれ?　のりもつけていないのに、離れないね。じゃあ、先生に任せてみて!」

両端から中心に向けて紙を少し寄せ、隙き間を作ってから「エイや!」とかけ声をかけて抜いてみせます。

「簡単に抜けた!!!」

プラスαの工夫

画用紙の代わりに、ノートや本などを使うこともできます。あまり厚くなく、柔らかい紙のものを選んでください。

Go! Next!

「私もやってみたい!」と子どもたちが群がってきたら、ノートを用意して、子どもたちに、引っ張り合いっこをしてもらいましょう。ひと通りすんだら、活動に移ります。

9 夏の水あそびの前に しずめ！ 潜水艦

画用紙で作った潜水艦をコップの水の上に浮かべ、洗剤（または石けん水）を加え、紙の潜水艦を簡単にしずめるシアター。洗剤が持つ「水の表面張力を弱める」という性質を利用した科学あそびの一種です。

準備　画用紙、油性ペン、ホッチキス、コップ、洗剤（または石けん水）、水、小ビン（お弁当用しょうゆ入れなど）

1　2つ折りにした画用紙に簡単な潜水艦の絵を描いて、イラストのように逆T字型に切り、両端をホッチキスで留めます。
2　小ビンに洗剤（または、石けん水）を入れておきます。

「みんな、潜水艦って知ってる？」

準備１で用意した潜水艦を子どもたちに見せ、水を入れたコップに浮かべます。

「潜水艦は、海の中にもぐったまま進むことができる乗り物なんだよ」

潜水艦のことを子どもたちに説明します。

「でも、この潜水艦は浮いたままだね…」

画用紙を浮かべてしずめるだけ

小人数～クラス単位

水あそびやプール開きなど、水を使う活動の前に。
また、石けんを使うので、衛生指導をする前にも適しています。

「ジャーン！魔法の小ビンを持ってきました」

準備２で用意した小ビンをポケットから取り出します。

「潜水艦、水にもぐってくださーい！」

とかけ声をかけながら、コップに洗剤をたらします。

「ああ！　潜水艦が水の中にしずんでいくよ～」

プラスαの工夫

小さく切った薄いプラスチック（豆腐の容器など）に、油性ペンでばい菌の絵を描き、水を張った洗面器に浮かべ、石けんを水につけると、石けんが溶け出して…。ばい菌たちは、石けんを避けるように、器の端っこに移動してしまいます。これも、石けんの性質（表面張力を弱める）を利用したあそびのひとつ。「石けんで手を洗いましょう」ということを伝える生活指導の前などに、利用してみてください。

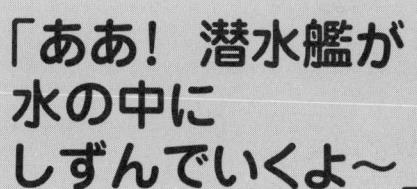

10 折り紙あそびの前に 季節の山やま

折り紙を重ねて、三角に折り、色を変化させながらストーリーを展開していく、シンプルシアター。三角にひと折りするだけで、こんなにもお話が広がっていきます。折り紙に対する子どもたちの興味もふくらむはずです。

準備　折り紙、ホッチキス

1　薄いピンク、茶、黄緑、緑、黄の順に、折り紙を重ね、角をホッチキスで留めます。
2　ホッチキスを留めた箇所を頂点にして、5枚重ねたまま三角に折ります。
3　茶色は、頂点（ホッチキスを留めていない方）を内側に1回折ります。
4　黄緑は、頂点（ホッチキスを留めていない方）を内側に1回折り、反対側にもう1回折ります。

※ピンクの折り紙からスタートし、茶色、黄緑、緑、黄…と、お話をしながら1枚ずつ重ねて行きます。

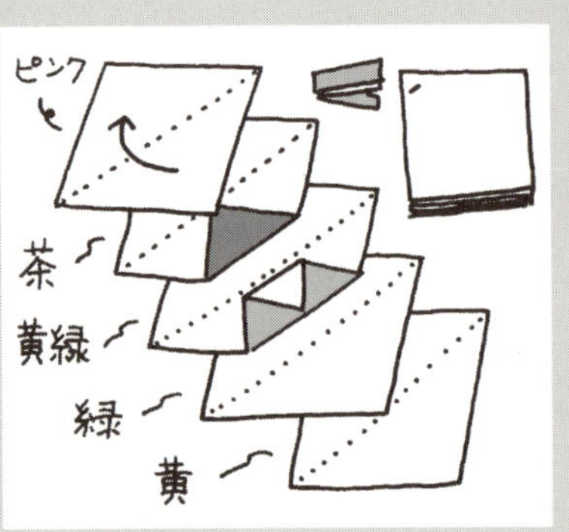

「冬の山は何色？」

ピンクの三角を見せて、冬山のことを子どもたちと話します。

「雪がつもっているね」

折り紙を
重ねて折るだけ

小人数〜クラス単位

折り紙あそびの前だけでなく、朝や帰りの会など、日常保育の合い間にも使えます。
大きな色画用紙に代えれば、中人数〜複数クラスの行事にも活用できますね。

「暖かくなると、雪が少しずつ溶けていきます」

角を折った茶色の折り紙を、ピンクの上に重ねます。

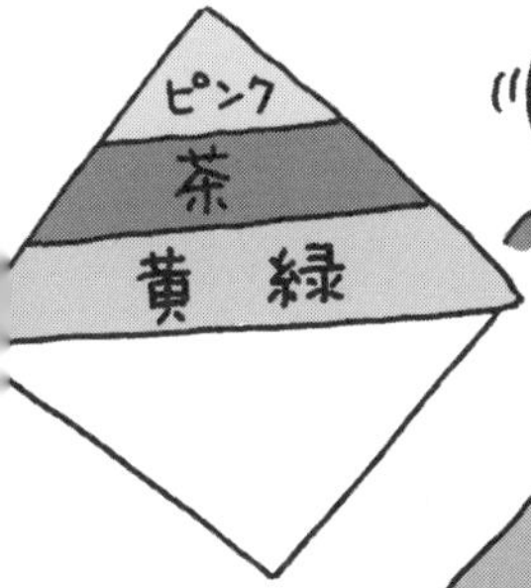

「春になると、草がはえてくるよ」

２回折った黄緑を、さらに重ねます。

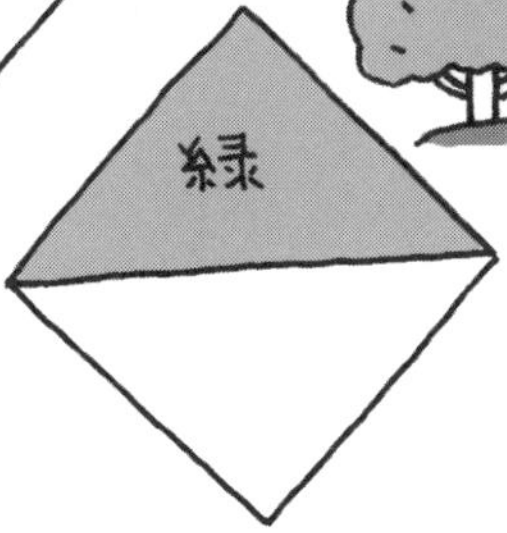

「夏には、緑がいっぱい！」

緑の折り紙を重ねます。

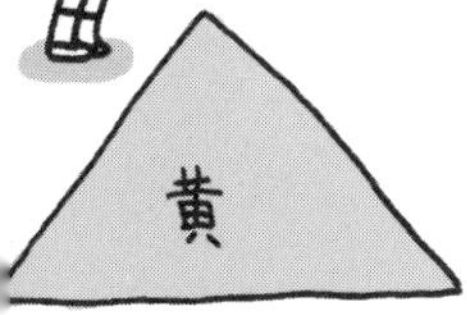

「そして秋には、葉っぱの色が黄色に変わっていきます」

プラスαの工夫

色を変えて、サンドイッチやおにぎり、アイスクリームなど、食べ物に見立てても、楽しいお話ができます。

Go! Next!

「みんなも、好きな色で三角お山を折ってみようか！」と、折り紙あそびへと移っていきます。

11 集団あそびの前に
折ってめくって百面相

1 枚の折り紙で、色いろな表情が作れる楽しいあそびです。子どもたちと一緒に顔マネをしたり、クイズ形式にしたり、使い方はさまざま。

準備　折り紙、マーカー

イラストのように、折り紙に絵を描きます。ひと角ずつ折るごとに、色いろな表情に変わっていきます。

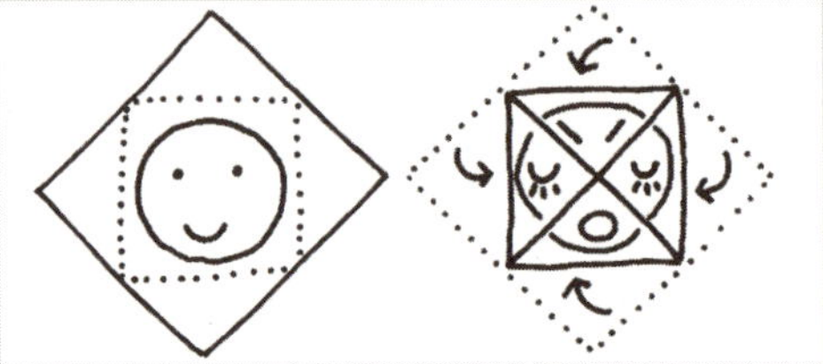

「こんにちは！私の名前はスマイルちゃんです」

開いた状態の絵を子どもたちに見せて話しかけます。

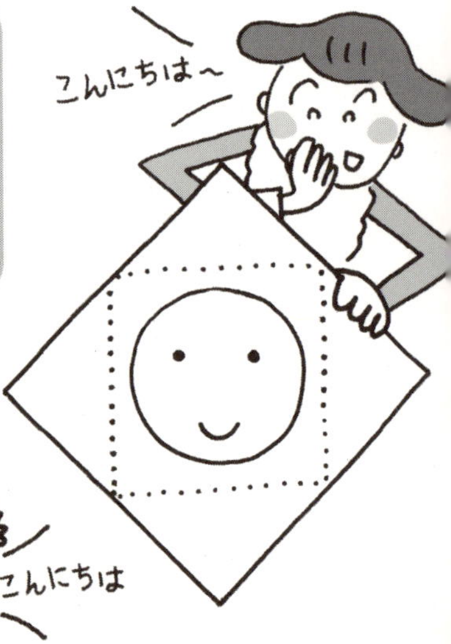

折り紙に 描いて折るだけ

小人数～クラス単位

ゲームあそびや折り紙あそびの前に。朝や帰りの会など、日常保育の合い間にも使えます。大きな色画用紙に代えれば、中人数～複数クラスの行事にも活用できますね。

「一緒にウインクしようよ」

左右を折りながら、みんなでウインクをしてみます。

「大きく口を開けて、オーイ」

下部分を折り、声を出してみましょう。

「眠るときは、スヤスヤ？ グーグー？」

左右を一緒に折ったり、上部分を折ったりしながら、表情を変えていきます。

プラスαの工夫

折った状態を開きながらあそぶこともできます。1カ所ずつ開きながら、「耳が大きくなっちゃった」「おさるさんかな？」「あれれ、ぞうさんでした!」と展開できます。

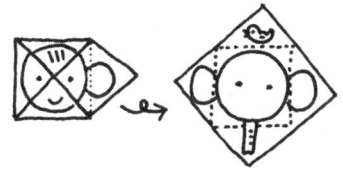

12 読み聞かせの前に うさぎのおうち

折り紙を折りながら、うさぎのおうちを作っていきます。外にいたうさぎが、最後にはちゃんと家の中にいるように仕上がります。扉を開いたり閉じたりしながら、ストーリーを展開させてください。

準備 折り紙（できれば一辺25センチの大きなもの）、マーカー

※子どもたちの前で、スムーズに折るために、最初に折り線をつけておきましょう。

1 折り紙を裏返して折り、左側にうさぎを描いておきます。

2 中心に折り線をつけます。

3 左右それぞれ、中心に折り線をつけ、AとA'部分の袋を開いて、三角屋根を作ります。

「雪の中であそんでいた、うさぎのうさちゃん。迷子になっちゃった…」

準備しておいた折り紙を子どもたちに見せます。

「おうちはどこ？」

折り紙に
描いて折るだけ

小人数～クラス単位

読み聞かせやシアター、折り紙あそびの前に。大きな色画用紙に代えれば、
中人数～複数クラスの行事にも活用できますね。

**「じゃあ、うさちゃんを
おうちに帰してあげましょう」**

準備２のように、うさぎが隠れるように、半分に折ります。

「三角お屋根が見えてきた」

準備３の手順で折り紙を折り、家を作ります。

**「トントン、トントン、うさちゃんは
おうちに帰れましたか？」**

と言いながら、左側の折り紙をめくると、
うさちゃんが！

**「はーい！　どうも
ありがとう!!」**

プラスαの工夫

大きめの画用紙を正方形に切り、あらかじめ家を作っておき、中に動物や家具などを描き込んでおけば、ちょっとしたシアターあそびの舞台になります。

Go! Next!

「うさちゃんは、おうちに帰って、お母さんに本を読んでもらうことにしました」など、次の活動に続けられるように結びます。

⑬ 七夕飾りを作る前に びろろ〜ん網

折りたたんだ紙に切り込みを交互に入れ、開くと、伸びる網を作ることができます。大きめの折り紙を使って、紙が変化するおもしろさを演出しましょう。

準備　折り紙（できれば一辺25センチの大きなもの）、はさみ

1　よこと対角線に折り目をつけます。イラストの点線部分で折って重ねます。（折り目が重なるように）
2　半分に折って、重ねます。
3　さらに半分に折って、重ねます。

以下は、子どもたちの前でパフォーマンスを。
4　左右交互に切り込みを入れます。
5　ゆっくりと、広げていきます。
（広げるときに、紙がかみ合いうまく開けない場合があります。先の尖った下の方からゆっくりと開くようにするのがコツ）

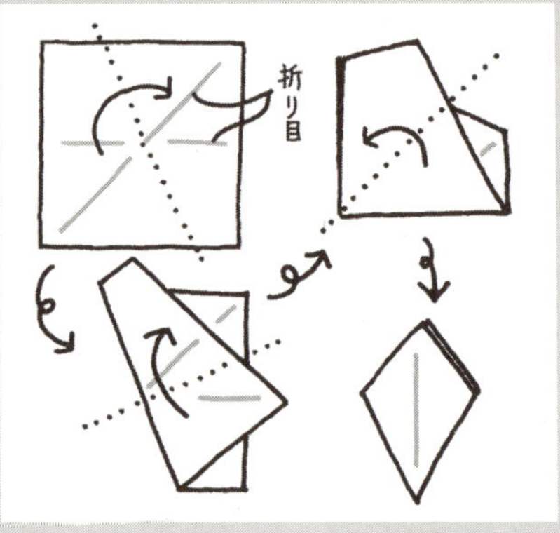

「折り紙で、三角を作りました。これをはさみでチョッキンします」

準備3の状態の折り紙を子どもたちに見せ、目の前で左右交互に切り込みを入れていきます。

「何が始まったの？」

折り紙を折って
切り込むだけ

小人数～クラス単位

七夕飾りを作る前や折り紙あそび、造形活動の前に。
大きな色画用紙や新聞紙に代えれば、中人数～複数クラスの行事にも活用できます。

「さて～、この三角を広げると、何になるかな？」

子どもたちの答えを待ち、クイズを楽しみます。

「ジャン、ジャン、ジャン…」

と言いながら、ゆっくりと紙を開いていきます。

「あらあら、アミアミの帽子になっちゃった！」

頭にかぶり、アミアミが伸びる様子を見せましょう。

「びろろ～んって、伸びるんだね！」

Go! Next!

中心部分にひもを通して、ぶら下がるようにし、七夕飾りにしてみましょう。子どもたちが作る場合は、折り紙を半分に折り、さらに半分に折ったもの（長方形になる）に、切り込みを交互に入れて、広げます。よこに伸びる天の川のような網を作ることができますよ。

14 お誕生日会の前に 赤が好きな紙コップ

磁石の力を利用した、簡単手品です。紙コップに磁石を仕込み、折り紙をホッチキスで留めるだけ。お誕生日会など楽しいイベントの前にピッタリです。

準備 磁石、紙コップ、折り紙（赤と青）、はさみ、ホッチキス、セロハンテープ

1 紙コップの底の裏に、磁石をセロハンテープで貼ります（小さい磁石なら2～3個）。
2 折り紙を細長く切ります（各色3本ずつ）。
3 赤い折り紙にはホッチキスをつけ、見えないように三つ折りにして、セロハンテープで留めます。
4 青い紙（ホッチキスをつけない）も同様に折り、セロハンテープで留めます。

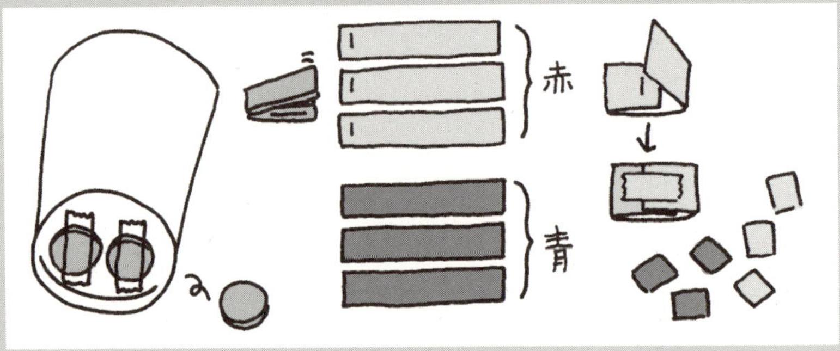

「たねもしかけもない紙コップがここにあります」

紙コップの底を手で隠しながら、子どもたちに紙コップの中を見せます。

折り紙を切って
しかけるだけ

中人数〜複数クラス

お誕生日会やお楽しみ会などの前に。
ビックリ手品で子どもたちの注目を集めましょう。

「この紙コップ、実は赤い色が大好きなんだよ」

「その証拠に、ここにある赤い紙と青い紙をコップに入れてみます」と言いながら、コップに紙を入れていきます。

「赤が好き〜、赤が好き〜」

紙コップの口を手でふさいで、呪文をとなえ、紙コップを少し揺すります。

「青い紙だけが出てきちゃった!」

紙コップを逆さまにすると、ホッチキスのついていない青い紙だけが落ちてきます。

「もう一回、やってみて〜!」

紙コップに残った赤い紙を取り出し、もう一度やってみせます。

Go! Next!

コップの底の磁石と赤い紙のしかけを見せて、たね明かしをしましょう。「な〜んだ、そうだったのか」と、子どもたちが納得したところで、次の演目に移ります。

15 お楽しみ会の前に 色いろセロハン

赤、黄色、青のセロハンを重ねて、色いろな色を作り出していきます。重ねやすいように、紙皿を利用しました。３色のセロハンが６つの色に変化するなんて、不思議！

準備 セロハン３色（赤、黄色、青）、紙皿6枚、カッター、セロハンテープ

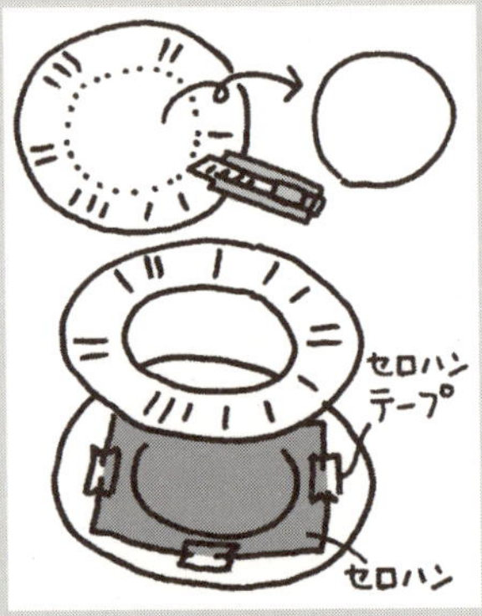

1　紙皿の中央を丸く切り抜きます。
2　紙皿の裏側にセロハン1色を貼り、もう1枚の紙皿を重ねて、セロハンテープで留めます。それぞれの色を同様に。

※3色を重ねる→黒　青と黄色の2枚を重ねる→緑　赤と青を重ねる→紫　赤と黄色を重ねる→オレンジ色と、組み合わせによって、色を作ることができます。

「真っ黒焦げのお団子があります」

３色の紙皿をすべて重ねて、子どもたちに見せます。

セロハンを
重ねるだけ

中人数～複数クラス

シアターやお楽しみ会などの前に。
色が変わる手品で子どもたちの注目を集めましょう。

「今から、色の違う2個のお団子にしてみますよ～。うううう～ん、えい！」

赤い紙皿を引き抜きます。

「緑と赤のお団子だ！！」

「おいしそうなお団子になったね」
と言いながら、
また３枚重ねて黒に戻します。

「もっと別の色のお団子も欲しいね。次は、何色が出てくるかな？」

黄色の紙皿を抜いて、紫と黄色にします。
そのあと、もう一度、黒に戻して、
青を抜き出し、オレンジ色と青を見せます。

Go! Next!

他の保育者が、次の演目に出てくる劇の主人公を登場させ、色あそびに絡ませながら、本編に移っていきましょう。

16 日常保育の合い間に びりびりスティック

新聞紙を細長く丸めて、先の部分を縦にびりびりとさいていきます。その部分を引っ張り長くすると、びりびりスティックに早変わり！　次の活動へ移る前の気分転換になります。

準備

新聞紙、セロハンテープ

新聞紙1枚をクルクルと巻いて棒状にし、セロハンテープで留めます。あまりきつく巻くと、引っ張りにくくなるので、注意。

少しゆるくネ！

「望遠鏡かな？
それとも
肩たたきの
棒かな？」

見えたぞ
見えたぞ
いさむくんかなあ
トン
トン

準備した新聞紙を、
子どもたちに見せます。

新聞紙を
丸めてさくだけ

小人数〜クラス単位

ちょっと子どもたちの気分を変えたいときなどに。
日常保育の合い間に使えます。

「バナナの皮みたいに、びりびりむいてみるね」

先端部分を手でびりびりとさいていきます。

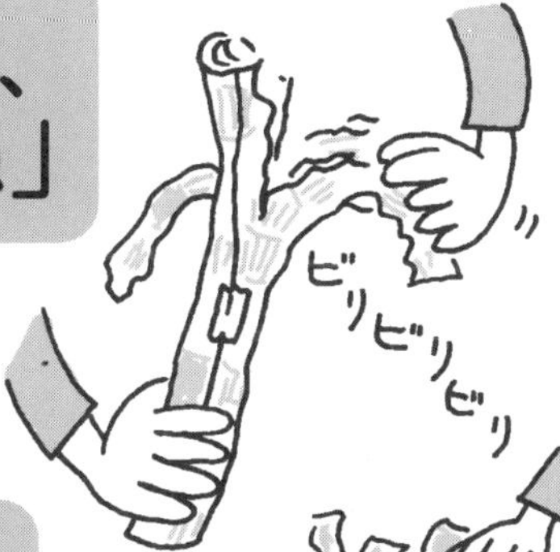

ビリビリビリ

「中には何が入っているのかな？」

中をのぞき込んで、内側の新聞紙を引っ張って
長く伸ばします。

内側から
引っ張る

まほうを
かけちゃうぞ〜
うひゃ〜
かけちゃうぞ〜

「びりびりスティックのでき上がり！」

稲穂のようになった新聞紙を
動かしながら、シャカシャカと
音を出します。

プラスαの工夫

模造紙やチラシを使い、はさみで切り込みを入れ、同じように引っ張れば、立派な造形作品になります。底を抜いた紙コップを逆さまにして厚紙に貼り、紙で作ったお花をつけたびりびりスティックを差し込めば完成です。

17 園外保育の前に 紙電車でGO!

新聞紙を折りたたんで、手でちぎると、4つの連結した穴を簡単に作ることができます。新聞紙の“電車ごっこ”で、子どもたちの気持ちをつかみましょう。

準備

新聞紙

子どもたちの前でパフォーマンスする前に、作り方を練習しておきましょう。

1 新聞紙を広げ、イラストのように、1回、2回、3回と折りたたみます。
2 3カ所を手でちぎり、M字型にし、真ん中の下部分をちぎり取ります。
3 開くと、4つの穴ができています。

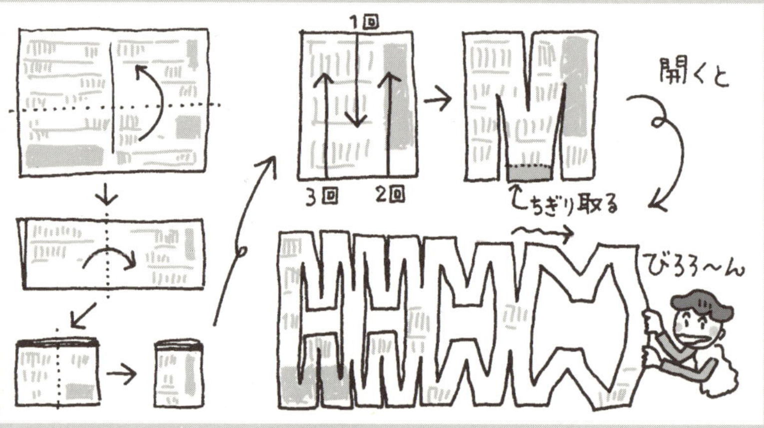

「1枚の新聞紙が、今から大変身するよ!」

新聞紙を広げて、子どもたちに見せます。

新聞紙をたたんでさくだけ

中人数〜複数クラス

運動会の練習、散歩など屋外での活動やホールあそびの前に。
どんどん作って、連結させましょう。

いっか〜い!

「1、2、3と 3回折ります」

準備1のように、折りたたみます。

ビリビリ
ビリ
ビリ
ビリ
ビリ
ビリ

「次は、びりびり やぶいちゃいます」

準備2のように、やぶきます。

「広げると…電車のでき上がり!」

地面（または床）に広げて、穴の上に子どもに立ってもらい、新聞紙を手で持ち上げます。そのまま、ゆっくり出発進行!

出発進行!

ワンポイントアドバイス

紙には「紙目」というものがあります。これは、紙を作るときにできる繊維の並ぶ向きのこと。紙目に沿って、やぶいたり、折ったりするとキレイにいきます。紙目に逆らうと、やぶきにくく、折り目もデコボコになってしまいます。新聞紙の紙目はたてなので、重ねても簡単に手でやぶくことができるんです。

18 発表会の幕間に たまごがいっぱい！

新聞紙を折りたたみ、ある部分を切り取ると、同じ形の連なりを作ることができます。紙を開きながら形が増えていく不思議さを見せ、子どもたちの気持ちをひとつに集めます。

準備

新聞紙、はさみ

子どもたちの前でパフォーマンスする前に、作り方を練習しておきましょう。

1　新聞紙を広げ、イラストのように、1回、2回、3回、4回と折りたたみます（2つ用意）。
2　イラストA、Bのように切ります。
3　広げると、Aは16個のたまご（Bは32個のたまご）ができています。

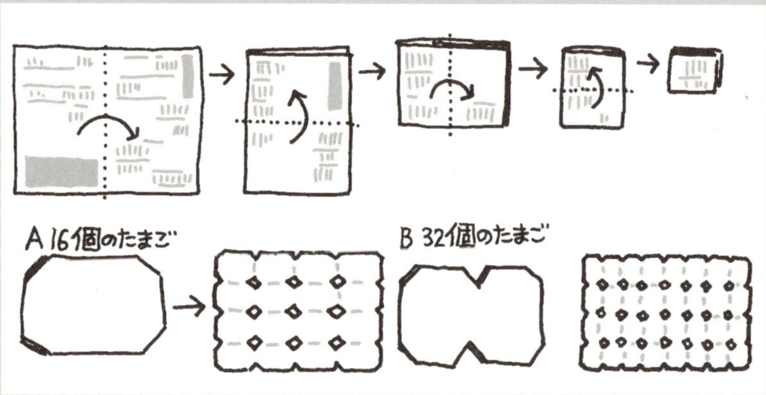

「にわとりさんが、たまごを産みそうだよ」

新聞紙を折りたたみながら、
子どもたちに語りかけます。

大人数〜園単位

発表会やクリスマス会など、大人数が集まる行事の幕間に。
会の進行にメリハリをつけ、子どもたちを飽きさせない工夫をしましょう。

「何個、産んだかな?」

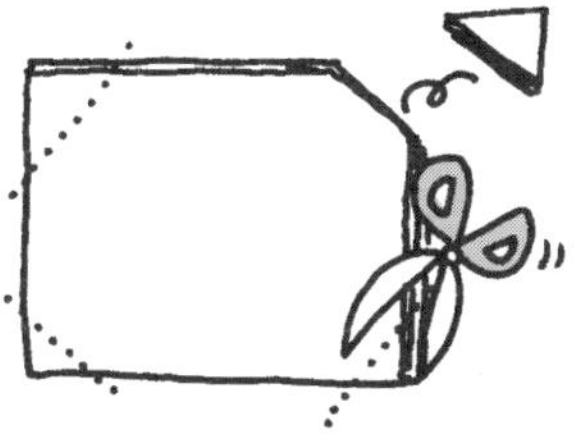

準備２のＡの状態を子どもたちに見せます。

「みんなで一緒に数えよう! 2個、4個…、16個」

新聞紙を広げながら、
卵の数をみんなで数えます。

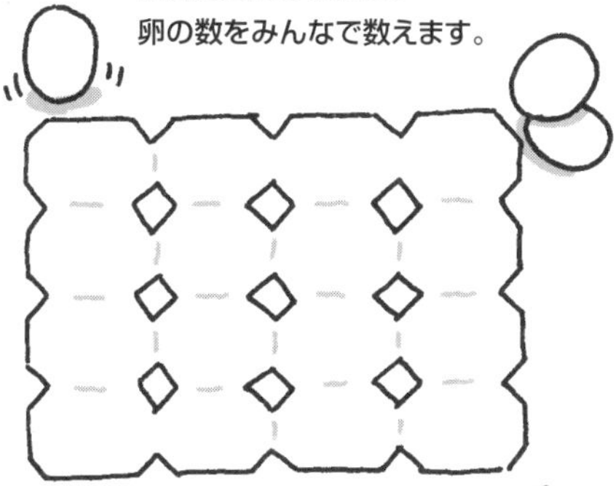

「まだまだ、産めるかもしれないっていってるよ。2個、4個…」

新聞紙を折りたたみ、準備２のＢを作り、
子どもたちと一緒に、数を数えていきます。

「32個だ! すごいね〜」

ワンポイントアドバイス

みんなで一緒に数を数えたり、カウントダウンのかけ声を出したりすると、子どもたちは夢中になります。「集中力がなくなってきたな」「そろそろ飽きてきたころかな」というときに取り入れ、上手に気分転換をしましょう。

Column 子どもをひきつける パフォーマンスのポイント ①

声

「大きな声ばかりを張り上げない」

子どもたちが静かにしないからと、大きな声ばかりをあまり張り上げないようにしましょう。「静かにしてー！！」という保育者の声が、いちばんうるさかったりします。おなかから出す“通る声”と小さな声のメリハリが大切。

目

「視線はまんべんなく、一人ひとりの目を見る」

子どもたち一人ひとりに話しかけているような気持ちで、視線はまんべんなく行き渡らせましょう。そのときは、きちんと子どもの目を見ることが大切。目が合った子どもは、話を真剣に聞くようになるはずです。

指

「ムダなく明確に動かし、しっかりと指したい所を指す」

子どもたちは、指や手の動きを目で追うので、示したい場所を明確に指すようにします。また、ムダな動きをしないようにすることも大事。指先はきちんと伸ばし、なるべく大きくわかりやすく動かすようにしましょう。

体

「どうどうと背筋を伸ばし、動きは大きく」

猫背だったり、うつむき加減だったりすると、声が通りにくくなる上、子どもたちの集中力も散漫になってしまいます。背筋を伸ばし、美しい姿勢をとるようにしましょう。そして、動きは少しオーバーなくらいがベストです。

間

「話す、黙る、動く、止まる。反応を見ながらメリハリよく」

パフォーマンスをするときに大切なのは「間」です。子どもたちの反応を見ながら、トークやアクションに「間」を入れてメリハリをつけましょう。この「間」が、子どもたちの興味や関心をグッとひきつけます。

第2章 段ボールや紙コップを使って、ちょこっとシアター

箱や紙コップなどの紙製品は、
サイズや形態を上手に利用するのがコツ。
たとえば段ボール箱は「大きさ」を、
紙皿や紙コップは「重なるおもしろさ」を活かして
シンプルで楽しいちょこっとシアターにまとめました。

「おいしそうな
アイスクリーム!」
パク
パク
「あれれ?」
パク
パク
「パックンが
ぜんぶ
食べちゃった!」

歯みがき指導の前に「くるくる紙皿」58ページをご覧ください ▶

19 新しいあそびを始める前に ?ボックス

段ボール箱の上面に、手の入る丸い穴を空け、手探りで中に入っているものを当てっこする道具です。「何が入っているのかな〜?」と、子どもたちは、ワクワクドキドキしながら、箱の中に手を入れることでしょう。

準備　段ボール箱、カッター、ガムテープ、画用紙、マーカー

段ボール箱の上面をガムテープでふさぎ、手が入るほどの大きさの穴を空けます。
画用紙にハテナマークを描き、段ボール箱の前面に貼ります。
※空けた穴よりも大きなものを入れたい場合は、後ろの面に四角い穴を空けましょう。

「ジャーン! ?ボックスの登場です」

これから始めるあそびの道具を中に入れておいた「?ボックス」を、みんなに見せます。

段ボール箱に
穴を空けるだけ

小人数〜クラス単位

新しいあそびを始める前や、新年度の自己紹介のときなどに。
また、ひんやりとする質感のものを入れれば、おばけ大会にも使えます。

「中に何が入っているのかな？手を入れて触ってみよう」

保育者がまず、箱に手を入れて見本を見せてから、子どもたちのところにボックスを持っていき、一人ひとりに手を入れてもらいます。

「何が入っていたか、わかったかな？答えは、カスタネットでした！」

中に入っているものを取り出して、みんなに見せます。

ワンポイントアドバイス

ボックスの中に子どもたちの名前を書いた紙を入れておけば、順番決めのときに使えます。また、くじ引きあそびにも利用できますね。このボックスが保育室にひとつあるだけで、活動の幅が広がります。

20 お誕生日会の前に くねくねロボット

開いた段ボール箱のふたに顔を描いただけのロボットです。机や台の上において、くねくねさせながらお話を展開し、子どもたちの気持ちをつかみましょう。

準備

段ボール箱、カッター、マーカー

段ボール箱を開き、底の部分を切り取ります。ふたにマーカーで顔と○×を描きます。

「あれあれ。こんなところで寝ている子がいますよ。起きてください」

机の上に段ボール箱をたたんだ状態でおき、声をかけながら顔を描いたふたをめくります。

段ボール箱に
描くだけ

中人数～複数クラス

お誕生日会やお楽しみ会などの前に。
子どもたちが、騒がしく落ち着かないときに、登場させてみましょう。

**「みんな、おはよう！
ぼくは、くねくね
ロボットです。
ダンスが得意なんだ」**

箱を起こして、左右に揺らしながら、
ダンスをさせます。

「次は、クイズをしようか！」

簡単な問題を出して、
子どもたちに答えてもらい、
○や×を出します。

プラスαの工夫

体が入るほどのダンボール箱でくねくねロボットを作ったら、両サイドに手の通る穴を空け、上下部分は体が通るくらいに切り取ります。保育者がイラストのように箱をかぶり、くねくねロボットに変身！　子どもたちの注目を一気に集めましょう。

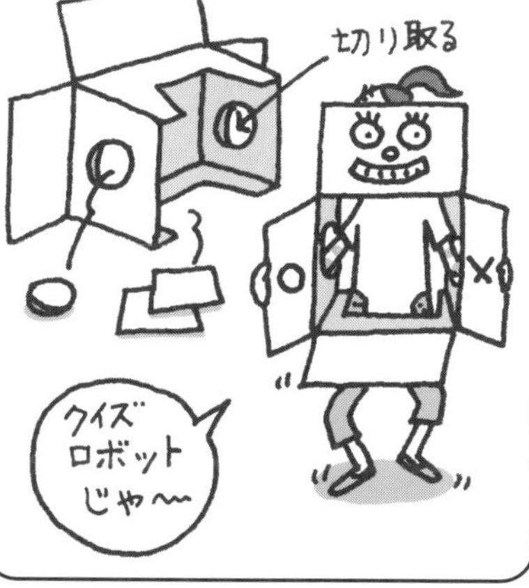

21 クリスマス会の前に でるでるボックス

大きな段ボール箱に小さな段ボール箱を、入れ子のように重ねて入れていきます。箱の中から箱が出てきて、また箱が出てきて…。最後の箱にメッセージを入れておき、会を進行。何が出てくるのか、子どもたちはワクワクしてしまいます。

準備　段ボール箱（大きさ違いのものを数個）、色画用紙、両面テープ、クラフトテープ、リボン

段ボール箱に色画用紙を両面テープで貼ります。いちばん小さい箱にメッセージを書いた紙を入れ、大きな箱から小さな箱と、入れ子式に重ねて入れていきます。最後にリボンを結びます。

「サンタさんから、こんなに大きなプレゼントをもらいました」

リボンのついた箱を子どもたちの前に登場させます。

段ボール箱を重ねるだけ

大人数～園単位

クリスマス会や発表会などを進行させるときに。
小さな箱を入れ子にすれば、保育室でも活用できますね。

「中に何が入っているのかな？楽しみ！」

リボンをほどき、箱を開けて中の箱を取り出します。

「あれ？　また箱が入ってるよ」

中の箱を取り出しては開けるを繰り返します。

「あれ？　紙が入っているよ！」

最後の小さな箱に入れた紙を取り出し、
メッセージを読み上げます。

Go! Next!

最後のメッセージに、次の演目のタイトルを書いておけば、飽きさせることなくスムーズに進行することができます。あるいは「後ろを見て！」などの“指令”を書いて楽しむのもいいでしょう。

22 イベントの進行に占いボックス

大きな段ボール箱から、メッセージ（イベントの演目）を飛ばすアトラクションです。しかけの見えない箱を見て、「いったい何が始まるの？」と、みんな興味津々。まずは、ぬいぐるみなどを飛ばして、子どもたちの注目を集めましょう。

準備

段ボール箱（大きめで厚さがあるもの）、割り箸、輪ゴム、ガムテープ、カッター、色画用紙、トイレットペーパーの芯、小さなぬいぐるみなど

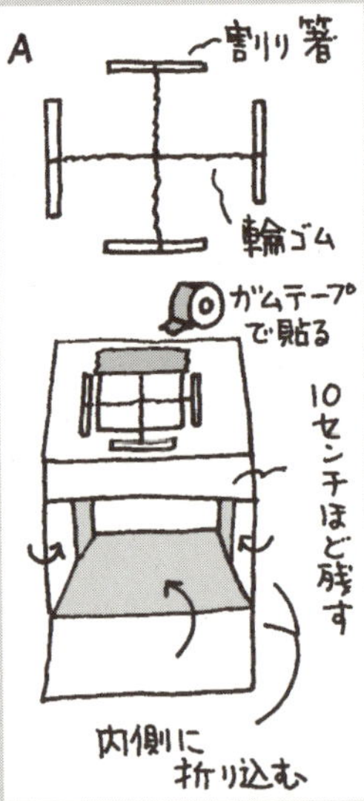

1 輪ゴムを数本ずつつなげて2本のゴムにし、これを十字に結び合わせてから、それぞれの端の輪ゴムに割り箸を通します（A）。
2 段ボール箱の側面にカッターで穴を開け、穴のへりにAの割り箸をガムテープで貼ります。
3 手を入れる部分のふた一辺（穴がある側のふた）は10センチほど残して切り取り、残りの3辺は内側に折り込みます。切り取ってしまうとボックスの強度が弱まるので要注意。

飛ばすもの

メッセージ：10センチ角程度に切った色画用紙にメッセージを書いて、半分に切ったトイレットペーパーの芯に丸めて入れます。
そのほか：小さなぬいぐるみなど、子どもにぶつかっても大丈夫なものを用意しましょう。

占いボックスのしくみ

裏側から手を入れ、ゴムにメッセージなどを乗せて引っ張って飛ばします。

※段ボール箱は、仕上がったときに深さが出るものを選びましょう。「何が飛び出すのかな？」というワクワク感が増します。

段ボール箱にゴムをつけて飛ばすだけ

大人数〜園単位

お楽しみ会やクリスマス会などを進行させるときに。
離れた位置からも見えるので、ホールでのイベントにも最適。

「さあさあ、みなさん。占いの時間ですよ〜」

ボックスを重そうに抱えて登場すれば、
「何だろう?」と子どもたちは興味津々。

「さて、次の出しものは何か占ってみよう。エイッ!」

おまじないをかけるふりをしながら、
まずは、ぬいぐるみを飛ばして見せます。

「あれれ? くまさんが出てきたよ!」

「おかしいな、故障しちゃったのかしら?」などと言いながら、
箱を触ったり、なでてみたり。子どもたちが夢中になるまで、
色いろなものを飛ばしてみましょう。

「よーし、もう1回、占ってみよう。エイッ!」

タイミングを見計らって次の演目を
書いたメッセージを飛ばし、
読み上げて会を進行させます。

プラスαの工夫

クイズの問題出し＆答え合わせやビンゴゲームの抽選会など、さまざまな使い方ができます。イベントの合い間ごとに違う見せ方をすれば、子どもたちも毎回、飽きずに楽しんでくれるでしょう。

23 生活指導の前に 食べたらうんち

紙コップを重ねて外すだけの簡単シアターです。「食べる」「うんちをする」という行為は、子どもたちにとって大きな関心ごとのひとつ。重ねたり外したりできる紙コップの特長をうまく利用して、おもしろおかしく演じてください。

準備

紙コップ４個、マーカー

紙コップ4個にイラストのような絵を描き、②〜④を、表の面を前にして机の上に並べておきます。演じる際は①を持ち、②〜④の順に重ねていきます。

**「くいしんぼうの
コップマンを紹介します。
みんな、こんにちは！」**

まずは、紙コップに描いた顔を
子どもたちに見せながら、
キャラクターを演じて注意を引きます。

紙コップを
重ねて外して

小人数～クラス単位

夏休み（冬休み）の前の生活指導のほか、
おむつがとれたばかりの子どものトイレ指導などにも使えます。

**「コップマンは、なんでも食べちゃうよ。
ほら、パクパクパク～！」**

コップマンを左右に揺らしながら、②～④（順番は左ページを参照）の順にパコン、パコンとかぶせていきます。

**「ぜ～んぶ食べちゃった。
さて、食べたものは、
どうなっちゃうでしょう？」**

コップマンを見せながら
子どもたちに話しかけ、
色いろな答えを
引き出していきましょう。

**「あれ？ トイレに入っちゃいましたよ！
うーん……ポットン！」**

コップの前後をひっくり返し、トイレのドアを見せてから、上から順に紙コップを外していきます。最初に小さいうんちを見せ、「まだまだ出るよ～」などと子どもたちに期待を持たせながら、最後に大きなうんちをポットンと落とします。

**「わー！ 大きな
うんちが出た～！」**

プラスαの工夫

ピーマンやニンジンなど、子どものニガテな食べ物の絵を描いて、食事指導に利用してもいいですね。

Go! Next!

大きなうんちの登場で子どもたちは大変な盛り上がり！　そのまま「食べたら、うんちしなくちゃダメなんだよね。みんなもガマンしないでうんちしようね」などと、生活指導に入っていきます。

24 雨の日あそびの前に 着せかえ紙コップ

外で思いきりあそべない雨の日は、子どもたちの気持ちもそぞろになりがち。紙コップの着せ替え人形を使ったミニシアターで、室内あそびへとスムーズに導きましょう。

準備　紙コップ、はさみ、マーカー、クレヨンなど

紙コップ1個に、下半分に洋服を着せたキャラクターの絵を描きます。
残りの紙コップは半分に切って、下の部分だけを使います。それぞれ、パジャマ、園服、レインコートなどの絵を描いておきましょう。

着せかえ洋服のアイディア例

「今日は雨だから、お外であそべないね」

キャラクター紙コップを登場させ、子どもたちに話しかけます。

紙コップを
切って重ねて

小人数〜クラス単位

保育室でのあそびや造形活動のほか、生活指導の前にも応用できます。

「レインコートを着ればへっちゃらだけど…」

と、レインコートを着せます。
紙コップ人形の早変わりに、
子どもたちは興味を示すはず。

「ひゅ〜！　風が強いからカゼをひいちゃうかも」

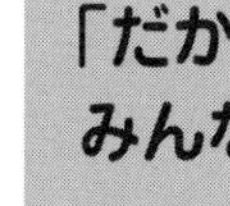

レインコートを脱がせて、
パジャマに着がえさせます。

「だから今日はお外はやーめた！みんな、何してあそぼうか？」

園服に着がえさせて、
子どもたちに話しかけます。

ワンポイントアドバイス

クレヨンや絵の具を使った造形あそびなら、そのままの流れでスムーズに移行できます。洋服サイズに切った紙コップを用意しておき、着せかえ用の洋服を作ってもらってもいいですね。

25 日常保育の合い間に ぽんぽこ顔変化

紙コップをひねると、たぬきの目がキョロキョロと動く楽しいしかけです。新学期の活動の前など、新しい環境にまだ慣れていない子どもたちの緊張を、ユニークなたぬきでほぐしましょう。

準備

紙コップ２個、カッター、マーカー

上の紙コップ：イラストのようにカッターで穴を開け、たぬきの絵を描きます。頭の上や裏面にも、葉っぱや煙の絵を描いておくと、楽しく演じられます。
下の紙コップ：表と裏に女の子、男の子を描きます。目は、たぬきの紙コップをかぶせてから描き入れるのがコツ。

動かし方

重ねた紙コップの側面を持って、下になったほうの紙コップをくるくると左右に回します。

「キョロキョロ……おしゃべりしている子はだれかな？」

たぬきの紙コップを登場させ、
目を動かしながら子どもたちに話しかけます。

「みやこちゃんかな？ それともいさむくんかな？ キョロキョロ……」

子どもたち一人ひとりの近くで、
たぬきの目の動きを見せて回りましょう。

紙コップに穴を
開けて重ねて回して

小人数〜クラス単位

朝や帰りの会、ふれあいあそびの前のほか、造形あそびの導入としても使えます。

「よーし、静かになったぞ！このすきに変身しちゃえ！ドロローン！」

子どもたちの注目が集まったのを見計らって変身！
上の紙コップをくるくる回したり、頭の葉っぱの絵を
見せながら、上の紙コップを外します。

「わー！　女の子になったよ！」

「ウフフ。こんにちはー！今日は何してあそぼうか？」

紙コップ人形を使って、
子どもたちにあいさつをします。

Go! Next!

「変身失敗〜」などと言いながら、ふたたび紙コップをかぶせたり外したり。たぬきの動きや変身を楽しく見せ、子どもたちとの会話を楽しみましょう。子どもたちの緊張がほぐれたところで、次の活動に移ります。

26 歯みがき指導の前に くるくる紙皿

紙皿を使ったミニシアターです。しかけはとても単純ですが、子どもたちはくるくると絵が変わる不思議な動きに、ついつい引き込まれてしまうはず。テンポよく場面をチェンジしながら、演じてあげてくださいね。

準備　紙皿５枚、フェルトペン、はさみ

紙皿にそれぞれ絵を描き、イラストのように切り込みを入れておきます（円の中心点まで）。

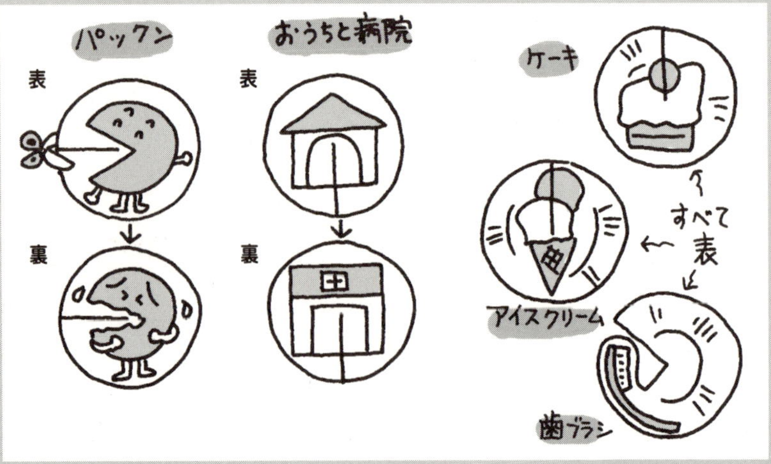
パックン
表
裏
おうちと病院
表
裏
ケーキ
すべて表
アイスクリーム
歯ブラシ

くるくる紙皿のしくみ

中心点まで切り込みを入れた紙皿２枚を重ねます。切り込みから後ろの紙皿を引っ張り出していくと少しずつ前の紙皿の絵が隠れ、くるっと一回転すると、後ろにあった紙皿が前に出てくるしくみです。

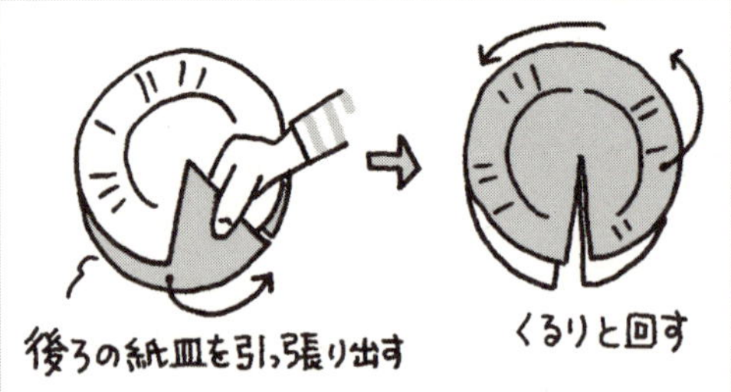
後ろの紙皿を引っ張り出す
くるりと回す

演じ方のポイント

しかけが子どもたちに見えてしまうと、おもしろさも半減。紙皿チェンジは、そのつど、机の上にふせて行なうのがコツです。

紙皿を重ねて
スライドさせるだけ

小人数〜クラス単位

虫歯予防デーのほか、夏休みや冬休み前、日常の生活指導にも使えます。

**「あらら？ おうちからだれか出てきますよ。
ジャジャーン！ くいしんぼうの
パックンでした！」**

まずは、笑ったパックンとおうちの紙皿を重ねてスタート。
前にしたおうちの紙皿から、ゆっくりとパックンを引き出します。

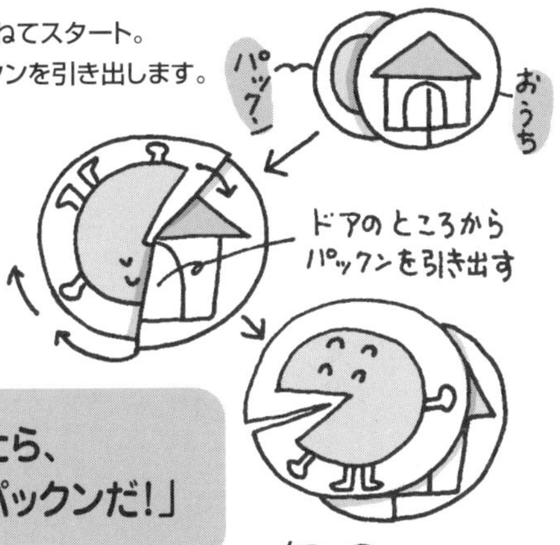

パック!
おうち
ドアのところから
パックンを引き出す

「どうやって出てきたの？」

するりと出てきたパックンに、
子どもたちはくぎづけに！

**「おや！ おいしそうなケーキ。と思ったら、
大きなお口でパクパクパク〜！ またパックンだ！」**

ケーキの紙皿を子どもたちに見せてから、
後ろに重ねておいたパックンを引き出します。
タイミングを見ながらアイスクリームの紙皿をセットしなおし、
同じようにパックンを引き出しましょう。

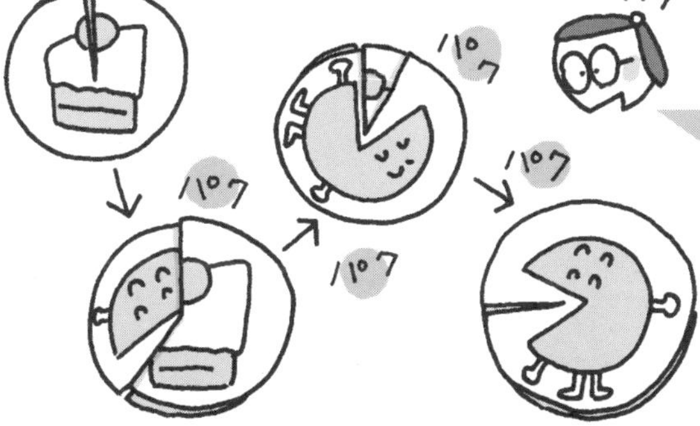

パク
パク
パク
パク

**「パックンが
ぜ〜んぶ食べちゃった」**

ここで、ちょっとブレイク。
パックンを見せながら、
食べたあとは何をするんだっけ？
などと子どもたちに問いかけ、
色いろな答えを引き出してみます。

次のページへ ▶

26 歯みがき指導の前に
くるくる紙皿

「イタタタタ〜。おや?
パックンの様子がおかしいよ。
病院に入って行っちゃった」

泣き顔のパックンを見せてから、後ろに重ねた病院の紙皿を引き出していきます。

「ウィーン、ガリガリ〜!
歯医者さんみたいですよ」

病院の絵を見せながら、中の様子を声で演じます。

「もう痛くないよ!
今日からちゃんと
歯磨きしようね」

笑ったパックンと歯ブラシの紙皿を重ね、歯ブラシを上下に動かすようにスライドさせます。

ワンポイントアドバイス

絵は赤や黄色、青などの原色を使い、クッキリと描くのがコツ。離れた場所から見えやすいだけでなく、絵の変化もよくわかります。大きな紙皿で作れば、複数クラスや大人数が集まるイベントでも利用できますね。

Go! Next!

このまま、歯みがき指導などに移っていきます。パックンと歯ブラシの紙皿を、実際に子どもたちに動かしてもらってもいいでしょう。

第3章

レジ袋やポリ袋を使って、ちょこっとシアター

水を入れたり、空気を入れてふくらませたり——
プラスチック製品を使えば、
そんなプラスαのしかけも可能に。
びっくりパフォーマンスで
子どもたちを夢中にさせましょう。

「さあ、
みなさ〜ん……」
にょき
「コラコラ、
出てきちゃだ〜め！」
シュウ〜
「はじめますよ」
にょき
にょき
「また出た！」

イベントの進行に「にょきにょき魔王」70ページをご覧ください ▶

27 お泊り会の夜に 懐中ぴかりん

明かりが消えて真っ暗やみになった保育室では、子どもたちは不安や興奮で落ち着かなくなるもの。レジ袋と懐中電灯を使った不思議なおばけ人形で、明るく盛り上げましょう。

準備　スーパーのレジ袋（白い半透明のもので、あまり厚くないタイプ）、懐中電灯、輪ゴム、曲がるストロー、マーカー

レジ袋の持ち手側をイラストのように切り、マーカーで顔を描きます。これを懐中電灯にかぶせ、背中側にストローを挟んで輪ゴムで留めたら完成。最初はくしゃくしゃにつぶしておきます。

懐中ぴかりんのしくみ

懐中電灯に半透明のレジ袋をかぶせると、光の反射と屈折によって明るさがアップ。差し込んだストローから空気を入れてふくらませると、さらにボワンと不思議な白い玉のようになります。空気を入れたり抜いたり、その変化も見せどころのひとつ。

「しーっ。みんな、何か聞こえない？」

ぴかりんを後ろ手に隠し、耳をすますしぐさで子どもたちに問いかけてみます。ときどき、ぴかりんのレジ袋を触ってガサガサと音を立てると、子どもたちの集中力も高まります。

「みんなには何か見える？」

キョロキョロと見回すしぐさをしながら、視線とは別の方向で、パッ、パッとぴかりんをつけたり消したりしてみましょう。

懐中電灯に
レジ袋をかぶせて

中人数〜複数クラス

発表会の幕間など、室内を暗くしたときのほか、
おばけ大会の出しものにも使えます。

「ひゅ〜う〜〜う〜〜う〜〜」

タイミングを見計らってぴかりんをつけ、ひゅ〜っと声を出しながらストローから息を吹き入れます。まずはゆっくりと半分程度までふくらませてから息を吸って空気を抜き、ぴかりんを消します。

「あれー？ 隠れちゃったよ！何だろう？」

途中でしぼんでしまった
不思議な物体に、
子どもたちはドキドキワクワク！

「ひゅ〜う〜〜う〜〜う〜〜」

先ほどと同じようにぴかりんに息を吹き入れ、
今度は最後までふくらませます。

「じゃーん！ おばけのぴかりんです。こんばんはー」

ぴかりんを使って子どもたちにあいさつをします。

Go! Next!

ふくらませたぴかりんを使って、子どもたちに話しかけたり、一緒に歌を歌ったり。次の活動に移るときは、「バイバーイ」「おやすみー」などと言って、ぴかりんの空気を抜いていくといいですね。

28 運動あそびの前に ゆらゆらクラゲート

レジ袋で作るクラゲのパラシュートは、ゆらゆらとゆっくり落ちていくのがポイント。地面に落ちるまでのあいだ、何回、手をたたけるか――そんなちょっとしたゲームを盛り込むと、さらに子どもたちは夢中になります。

準備　スーパーのレジ袋、マーカー、ガムテープ

レジ袋は折り目の通りにたたんでしわを伸ばし、イラストのように切ります。マーカーで顔を描き、4本の足の先に小さく切ったガムテープを貼ります。

作り方のコツ

足の先の重りをあまり重くしないのが、ゆっくりと落とすコツ。重りの違うクラゲートをいくつか用意して、飛ばし比べをしても楽しいでしょう。

「見て見て！　先生、ヘンなもの つかまえちゃった～！」

棒（ほうきなどでOK）の先にクラゲートをかぶせて、子どもたちの前に登場します。そんな保育者の姿に、子どもたちも興味を示すはず。

「なんだか生きているみたいだよ」

「何だと思う？」などと子どもたちに問いかけてみましょう。

レジ袋を切って
落とすだけ

小人数～クラス単位

運動あそびのほか、運動会などイベントの幕間にも使えます。
拍手の練習に利用するのもおすすめ。

「それじゃあ、放してみるよ。そーれ」

棒を斜め上に突き上げるようにして、
ふわりとクラゲートを放します。

「ゆっくり落ちていくね」

ゆらゆらと落ちていくクラゲートに、
子どもたちの視線はくぎづけに!

「今度は、地面に落ちるまで、拍手をしてみようか。何回、手をたたけるかな？　そーれ!」

ふわりとクラゲートを放して、
子どもたちと一緒に
拍手をします。

ワンポイントアドバイス

拍手をしながら、一緒に数を数えるのも楽しいものです。「今度は10回たたけたよ。次はもっとたたけるかな?」と、子どもたちは夢中になるはず。保育者は飛ばし方や重りを工夫して（左ページ参照）、浮遊時間を調整してみましょう。

Go! Next!

そのまま、クラゲートを追いかけてみたり、子どもたちにも飛ばしてもらったりしながら、運動あそびにつなげていきます。

29 冬のイベントの前に くっつき人間

空気が乾燥している冬ならではの静電気を利用したマジックです。静電気が起こりやすいスチレン皿を、保育者の体にペタペタとくっつけて見せましょう。当日はセーターを着て挑んでください。

準備　スチレン皿（あまり大きくないものを数個用意）、セーター

「さて問題です。このお皿を体にくっつけるには、どうしたらいいと思う？」

スチレン皿にのりもテープも貼っていないことを見せながら、子どもたちに質問を投げかけます。

「のりで貼る？ テープで貼る方法もあるね」

いろいろな方法を、子どもたちから聞き出します。

**スチレン皿を
こすってつけるだけ**

中人数～複数クラス

12～2月のお誕生日会やクリスマス、お正月など、冬のイベントに使えます。

**「でも、実はもっと簡単な方法があるよ。
くっつけ～、くっつけ～と、となえるだけで……」**

呪文をとなえながら、スチレン皿を
セーターの表面でこすり、体につけます。

「わー、くっついた」

**「どんどんくっつけるから、
みんなで数えていてね。
1個……、2個……」**

セーターのあちこちに、スチレン皿をくっつけていきます。
ポトっと落ちたら再挑戦。
かえって子どもはハラハラドキドキするものです。

プラスαの工夫

すずらんテープやレジ袋なども静電気が起こりやすく、容易にくっつきます。体につけたすずらんテープの端を持ち上げ、「ほら、つながってるよ～」と見せても不思議！

30 夕涼み会の前に ミラクルジュース

暑い夏にピッタリの水を使ったビックリショーです。ペットボトルをシャカシャカ振ると、ふたにしかけた絵の具が溶けだして……。ただの水がおいしそうなジュースに早変わりする手品に、子どもたちは大喜び間違いなし！

準備　ペットボトル（500mℓ3本）、ペットボトルのふた（4個）、絵の具（オレンジ、赤、緑、青）、画用紙、クレヨン、マーカーなど

1　ペットボトルのふたの内側に絵の具をしぼり出します。このまましばらく置いて、絵の具の表面を少し乾かしておくのがコツ。
2　イチゴ、オレンジ、青菜の絵を描いた画用紙をペットボトルに貼ります。
3　2のペットボトルに水を8分目ほど入れ、1のふた（赤＝イチゴ、オレンジ＝オレンジ、緑＝青菜）を閉めます。青のふたは最後に使用。

「見て、おいしそうなジュースがあるよ。イチゴジュースに、オレンジジュースに、青汁もある！」

よく見える位置にペットボトルを並べながら、子どもたちに話しかけます。

「ジュースじゃないよ！水だよ！」

ペットボトルに絵の具を
しかけて振るだけ

中人数～複数クラス

水あそびの前のほか、絵の具を初めて使うときなどにも使えます。

**「エッヘン。では、先生が魔法をかけます。
エイエイエイエイエイ、
オレンジジュースになあーれー!」**

腕まくりをしたり、
手に息を吹きかけたりなどしたあと、
ペットボトルを持って大げさに振ります。

「わー、ジュースになった!」

できあがったきれいな色水に、
子どもたちはビックリ。
イチゴ、青汁も同じように作ります。

「そうだ。グレープジュースも欲しかったよね」

イチゴジュースのふたを開け、匂いをかぐふりをして子どもたちの注意を引きながら、青の絵の具を入れたふたと交換します。

**「エイエイエイエイ、
グレープジュースになーれー!」**

赤い色水をよく見せてから、ふたたび大げさに振ります。
紫色に変わったら、マジック終了!

Point

作ったジュースは、子どもたちが飲んだりなめたりしないように注意。水あそびや絵の具を使う活動の前なら、その流れでマジックのたね明かしをしてあげてください。

31 イベントの進行に にょきにょき魔王

カサ袋とポリ袋を使った空気人形です。タイミングよくカサ袋をふくらませて、子どもたちの注意をひきましょう。保育者と人形とのかけ合いも見せどころのひとつですよ。

準備 カサ袋、ポリ袋、ティッシュペーパーの空き箱、ストロー、セロハンテープ、カッター、マーカー、大きめのハンカチ

1 ティッシュの空き箱の一面をイラストのように切り抜き、机に立ててセロハンテープで固定します。
2 カサ袋を40センチほどに切って顔を描き、ストローの先にかぶせてセロハンテープで留めます。
3 ポリ袋をふくらませて口を結び、角に小さな穴を開けて、2のストローの反対側にセロハンテープで留めます。このとき、中の空気をできるだけもらさないように注意。
4 カサ袋の部分をティッシュの取り出し口から入れ、箱の上から飛び出る部分をたたんでおきます。

大きく切り抜く
机の上にセロハンテープで固定する
空気を入れて口を結ぶ
セロハンテープで留める
セロハンテープで留める
ストロー

ふくらんで飛び出す
押す

にょきにょき魔王のしくみ

ふくらませたポリ袋を押すと、ストローを通して中の空気が移動。カサ袋がふくらんで、にょきにょきと顔を出します。

※ポリ袋は、子どもたちから見えないように大きめのハンカチなどで覆っておきましょう。

カサ袋をふくらませて

中人数～複数クラス

朝の会や帰りの会など、日常保育の合い間にも使えます。

「さぁ、みんな。次の出しものは何かな?」

子どもたちに呼びかけながら、
手元のポリ袋を押します。

「あれ? あなた、だあれ? 出てきちゃダーメ!」

飛び出したカサ袋を見て
大げさに驚きながら、
飛び出したカサ袋を
箱の中に押し込みます。

「さぁ、気を取り直して始めましょう。次の出しものは～」

ふたたび手元のポリ袋を押して、
カサ袋を登場させます。
子どもたちの反応を見ながら、
出したり、引っ込めたりを繰り返します。

Go! Next!

子どもたちの注意が集まったところで、イベントを進行させます。「じゃあ、にょきにょき魔王に聞いてみよう。次の出しものを発表してくださ～い!」などと言って、にょきにょき魔王にイベントの進行を任せてもいいですね。

32 日常保育の合い間に おこりんぼハット

まずは、おかしな帽子で子どもたちの心をわしづかみにしましょう。さらにストローから息を吹き込むと、ビョーンとつのが出てきて……。子どもたちは、保育者から目が離せなくなります。

準備 カップ麺の空き容器（大きめのもの）、カサ袋、ストロー、輪ゴム、セロハンテープ、はさみ

1 カップ麺の空き容器の底に、ストローが通る程度の穴を2カ所開けます。
2 カサ袋2枚を30センチ程度に切り、それぞれストローにかぶせてセロハンテープで留めます。これを1の穴に通し、ストローの先を少し出して、カップにセロハンテープで固定します。
3 かぶったとき、自分の口にストローが届くように、ストローをつなぎ合わせて長さを調整。両サイドに2カ所ずつ切り込みを入れ、つなげた輪ゴムの両端を引っかけて切り込みをセロハンテープで留めます。

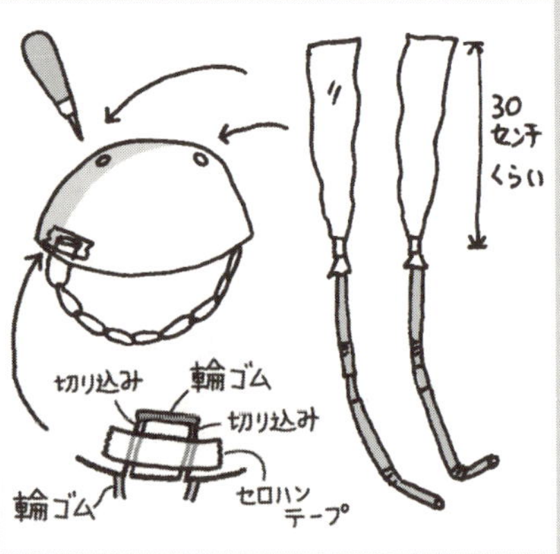

「今日から先生の頭には、つのが生えます」

ほら、こんなふうに……と言いながら、ストローから息を吹き込んで、つのをピョンと立たせます。

「わー！ 出たー！」

カサ袋を
ふくらませるだけ

小人数〜クラス単位

朝の会、帰りの会の前など、日常シーンのワンポイントに。
ちょっとした騒ぎをおさめたいときにも活用できます。

「プンプン怒ると出てきちゃうから、みんな、気をつけて!」

子どもたちは、つのが出てこないように…と
ドキドキしながら、保育者を注目し続けることでしょう。

「あらら! 今度はうれしくて、つのが出ちゃった!」

ワンポイントアドバイス

タイミングを見ながら、ときどきつのを立たせて見せるのがコツ。「うれしくて出ちゃった」と言ってあげれば、子どもたちも同じようにうれしい気分になります。

㉝ 遠足や散歩の前に ぼよよ〜んネコ

平らにたたんだゴミ袋を空中に放ると、あっという間に空気が入って大きな物体に早変わり！　屋外に出た開放感でじっとしていない子どもたちも、おかしな物体の出現に「何だろう？」と集まってくるはずです。

準備　カラーポリ袋（45ℓ）、広告紙４枚（新聞紙一面サイズで厚いもの）、セロハンテープ、マーカー

〈シンプル型〉

1　広告紙を斜めに置き、端から丸めて細い棒にします。この棒4本をポリ袋の口のサイズに合わせて輪にし（イラストを参照）、セロハンテープで留めます。

2　マーカーで絵や文字を描いたポリ袋の口に、1の輪をセロハンテープで留めます。

〈ネコ型〉

ポリ袋にネコの目や口を描いてからシンプル型を作り、仕上げに袋の上辺を10センチほど折ってセロハンテープで留めます。空気が入ると、折り曲げた部分の角がピョンと出て、まるでネコの耳のよう！

投げ方のコツ

輪が地面に平行に落ちていくように、両手でふわりと投げ落とします。輪投げをする感覚で投げるとGOOD。

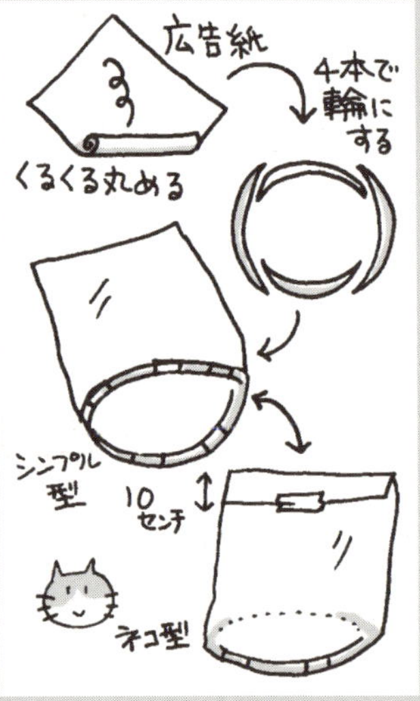

「まんまる、まんまる……。これはいったい何でしょう？大きなお皿かな？それともUFO？」

まずは、子どもたちに大きな輪を見せながら問いかけてみます。

ゴミ袋を
投げて落とすだけ

中人数～複数クラス

遠足や散歩など、屋外活動の前に使えます。
運動会の進行に利用してもいいですね。

「もしかしたら輪投げの輪？ 飛ばしてみよう！ エイッ！」

子どもたちの注目が集まってきたところで、シンプル形を投げ落とします。

「もうひとつあるよ。今度は何が出るでしょう？ エイッ！」

タイミングを見計らって、
ネコ型のポリ袋を投げ落とします。

「わー！ ネコになった！」

ワンポイントアドバイス

シンプル型とネコ型を、同じ色のポリ袋で作っておくのもアイディア。「同じものだろう」という子どもたちの予想が外れ、ビックリ度が倍増します。ネコの絵を描いたシンプル型を見せてから、「次は大きなネコを出すよ！」とつないでもいいですね。

Column　子どもをひきつけるパフォーマンスのポイント②

色

「使う色は虹の七色が基本。組み合わせる場合は、反対色を」

パフォーマンスに使う色は、虹の七色が基本です。遠くから見てもハッキリとわかるビビッドな色を選ぶようにしましょう。色を組み合わせるときは、赤なら緑、青ならオレンジなど、反対色を合わせると視覚的効果が上がります。

形

「基本はシンプルな○△□。目をつけると注目度がアップ！」

パフォーマンスに使う製作物の形は、シンプルな○△□が基本です。子どもたちの人数が多いときは大きく作るように心がけましょう。製作物に目や口をつけると、子どもたちの注目をさらに集めることができます。

音

「声や手足をじょうずに使って、効果音を随所に入れる」

手をたたいたり、足を踏みならしたり、声を出したり。体を使った効果音を随所に入れると、パフォーマンスの印象が強まります。小さな音は子どもたちの集中力を高め、大きな音は驚きを倍増させるのに効果的です。

光

「表情が暗くならないように、明るい場所でパフォーマンス」

暗い場所では、表情が沈んでしまうので、印象がダウンしてしまいます。パフォーマンスをするときは、明るい場所を選ぶのが鉄則。口を大きく開けたり、目を開いたり、メリハリのある表情を作ることも忘れずに。

間

「動作はゆっくりわかりやすく、変化は一瞬で驚きを！」

手を振ったり、製作物を動かしたりする動作は、ゆっくりわかりやすくが基本。また、何かを変化させて驚きを与える場合は、一瞬が勝負。動きに緩急をつけて、子どもたちの関心をギュッとつかんで離さないようにしましょう。

最後に…　失敗してもリセットすれば大丈夫！

失敗してもオロオロしないことが大切。落ち着いてフォロー＆リセットすれば大丈夫です。失敗を笑いに結びつけられるくらいになれば、上級者ですね！

第4章

布や雑貨を使って、ちょこっとシアター

ハンカチやぬいぐるみなどの用品&雑貨類も、
ほんのちょっと手を加えるだけで
頼もしい小道具に早変わり。
イザというときの即興シアターにも、
覚えておくと便利ですよ。

「ハンカチを
お洗濯するよ」
パッチン
パッチン

「パッチンパッチン
ここにも
つけてみよう」

「あらら、
踊りだしちゃい
ましたよ!」
トコトコ
トコトコ

夏のあそびの前に「洗濯物人形」84ページをご覧ください ▶

34 バスレクの前に イモムシの変身

おしぼりタオルとカラーボールでイモムシを作りましょう。葉っぱの上で見かけるフニャフニャのイモムシが、キレイなちょうちょうになってひらひらひら〜。そんなちょうちょうの一生を楽しく見せてあげてください。

準備　おしぼりタオル、カラーボール、モール、セロハンテープ、両面テープ

絵を描いたカラーボールをおしぼりタオルに両面テープで貼りつけ、顔の額の部分に、V字に折ったモールをセロハンテープで貼ります。おしぼりタオルの下部分を顔の方にたぐり寄せ、セロハンテープで留めたら準備完了。

イモムシの動かし方
左右のおしぼりを前で重ねてくるっと丸め、両手で首と胴体を持ってクネクネと動かします。胴体を持った手を離しておしぼりを少し開くとサナギに、おしぼりを全部開くと、ちょうちょうに変身します。

「みんな、イモムシって見たことある？」

まずは、子どもたちに問いかけてみましょう。

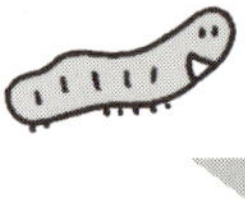

「こーんな虫だよ。クネクネクネ……」

イモムシを登場させ、
子どもたちの目の前で動かします。

タオルを丸めて
広げて

小人数〜クラス単位

遠足や散歩など、野外活動の前のほか、ふれあいあそびなど、
日常保育の合い間にも利用できます。

「葉っぱを食べて大きくなったら…ほ〜ら、サナギになりましたよ」

胴体から手を離し、おしぼりのすそを少し開きます。

「じゃあ、もっと大きくなったら何になるか知ってる?」

サナギを使って問いかけ、
子どもたちの答えを待ちます。

「ひらひらひら〜。なんと、キレイなちょうちょうになりました!」

いろいろな答えが出たところで、
おしぼりを開いてちょうちょうに。
子どもたちの頭の上を、ひらひらと漂わせます。

Go! Next!

「今日はちょうちょうに会えるといいね」「イモムシはどこにいるのかな?」と、子どもたちの興味を上手に保ちながら、次の活動に入っていきます。

35 おばけ大会の前に てるてるおばけ

おばけ大会をこわがる子どもは必ずいるもの。そこで、よく見慣れたてるてるぼうずの出番です。保育者とてるてるぼうずのかけ合いを楽しく見せて緊張を和らげながら、かわいいおばけを登場させましょう。

準備 ふろしき、タオル、輪ゴム、フェルト、丸シール、両面テープ

1 丸めたタオルをふろしきで包み、てるてるぼうずを作ります。丸シールやフェルトで顔のパーツを作り、両面テープで貼ります。

2 てるてるぼうずの胴体（スカートの部分）をめくってひっくり返し、結び目が頭のてっぺんになるように、おばけの顔のパーツを貼ります（おばけの顔は、てるてるぼうずのおしりの内側になります）。てるてるぼうずとおばけとの差を出すため、目や舌は大きめに作るのがコツ。

「先生、おばけこわいな～」

手に持ったてるてるぼうずに話しかけ、大げさにこわがるふりをします。

ふろしきを丸めて
ひっくり返して

中人数～複数クラス

7、8月のお誕生日会など、梅雨明け頃のイベントに使えます。
人形に進行役を任せてもいいですね。

「おばけなんて、うそだよーん！」

腹話術のように声色を使って、てるてるぼうずを演じます。

「おばけなんて、いないよーん！」

「どうして知っているの？」

てるてるぼうずに問いかけます。

「だって、ぼくが変身
しているんだもーん！
ひゅーうドロン！」

片手でてるてるぼうずの後頭部を持ち、
すばやくひっくり返して、
おばけに変身させます。

プラスαの工夫

クラス単位で行なう場合は、ハンカチのてるてるぼうずでも十分に盛り上がります。子どもたちが作ったてるてるぼうずにこっそりしかけて、変身させても楽しいでしょう。

Go! Next!

おばけ人形とのかけ合いを見せたり、一緒に歌を歌ったり。子どもたちが落ち着いたところで、会を進行させます。

36 イベントの進行に ふろしきダンシング

ズバリ、腹踊りのふろしきバージョンです。大きな顔がふにゃふにゃと動くさまは、なんとも愉快！　そろそろ飽きてくるイベントの後半に使って、上手に子どもたちの気持ちを盛り上げていきましょう。

準備　大判のふろしき（3枚）、ゴムひも、大き目の輪ゴム、色画用紙、綿ロープ、安全ピン、両面テープ

1　ふろしきの四隅を結んで玉を作り、上半分に色画用紙で作った目や鼻を両面テープで貼ります。
2　3枚のふろしきを重ね、輪にしたゴムひもでウエストに留めます。
3　綿ロープで大きめの輪を作り、口に見立てます。結び目が下にくるように、両端を安全ピンで留めましょう。1枚目、2枚目の目の裏にも、同じように口をつけておきます。
4　二の腕に大き目の輪ゴムをはめ、ふろしきの結び目を引っかけて留めます。

ふろしきダンシングのしかけ

上半分を1枚はずすごとに、表情が変わります（紹介したのは、上半分だけをチェンジする三面相。下部分にも、しかければ、ふろしき3枚で5面相ができます）。上下に動くと、ロープの口がゆらゆら動きます。目立つ色のロープを選ぶのがコツ。

ふろしきを
体につけて広げて

大人数～園単位

アクションがハデなので、大きなイベントの幕間にピッタリ。
保育者の出しものとして、複数でパフォーマンスしてもいいですね。

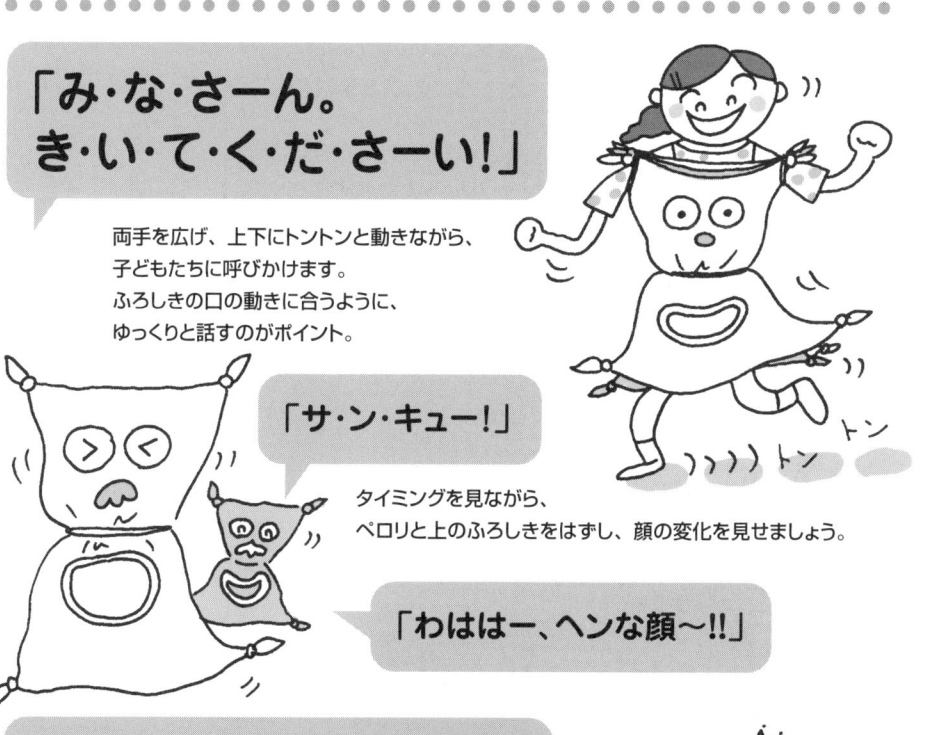

「み・な・さーん。き・い・て・く・だ・さーい!」

両手を広げ、上下にトントンと動きながら、
子どもたちに呼びかけます。
ふろしきの口の動きに合うように、
ゆっくりと話すのがポイント。

トン
トン

「サ・ン・キュー!」

タイミングを見ながら、
ペロリと上のふろしきをはずし、顔の変化を見せましょう。

「わははー、ヘンな顔～!!」

「では、う・た・い・まーす!」

歌を一曲披露するのも手。口の動きや顔の変化を
上手に見せ、子どもたちを楽しませましょう。

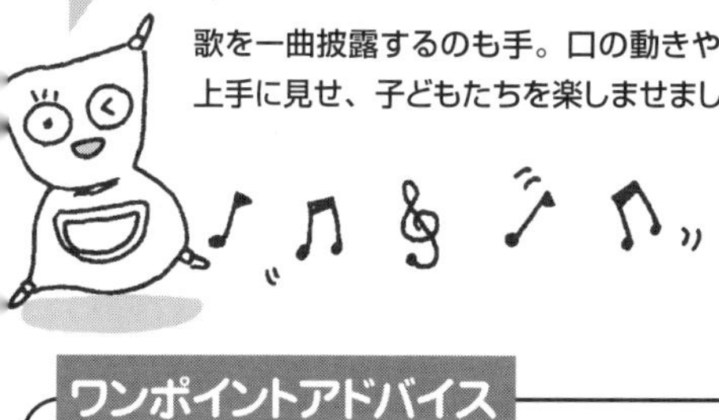

山の
むこうの
おひめさま
けらいを
つれて
おかいものォ

ワンポイントアドバイス

上半分のふろしきをすべて降ろし、スカートをはいているような状態で登場してもいいでしょう。ペロンとまくりあげたら大きな顔が……こんな意外性も子どもたちは大好き!

37 夏のあそびの前に 洗濯物人形

洗濯バサミを使って、即興であやつり人形を作りましょう。ハンカチが、まるで生きているように動き出す姿は子どもたちに大ウケ。机の上などで踊らせれば、洗濯バサミの足がカタカタとタップを踏みます。

準備 ハンカチ、洗濯バサミ、割り箸、ひも、丸シールなど

1 20センチほどのひもを用意。一方の先を割り箸に、もう一方のひもの先を洗濯バサミに結びつけます。これを2個作っておきましょう（A）。ハンカチには、あらかじめ丸シールなどで顔をつけておくとスムーズ。

※以下は、子どもたちの前で仕上げます。

2 ハンカチの上辺に割り箸を当て、Aの洗濯バサミで2カ所をはさみます。手足に見立てた洗濯バサミを1個ずつハンカチに留め、それぞれ2、3個ほどつなげます。

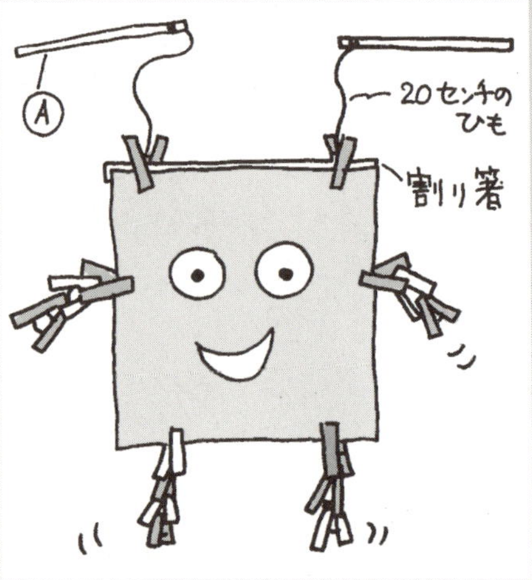

「パッチン、パッチン！
これは、何に
使うものだっけ？」

まずは、子どもたちに洗濯バサミを見せます。

ハンカチを
吊るして動かす

小人数～クラス単位

日常保育の合い間や、夏のお誕生日会の前に使えます。
生活指導のきっかけ作りに利用してもいいですね。

「じゃあ、先生のハンカチもお洗濯するね。パッチン、パッチン」

準備しておいたハンカチに割り箸を当て、ひものついた洗濯バサミではさみます。
ハンカチにつけた顔が、子どもたちから見えないように注意。

「パッチン、パッチン。ここにも、ここにもつけていくと……。さて、どうなるかな？」

吊るしたハンカチを見せながら、手や足を１個ずつつけていきます。

「タランラランラランー！あらら、ハンカチが踊りだしたよ」

ハンカチを前後に返して顔を見せ、
洗濯物人形を操作します。

ワンポイントアドバイス

子どもたちにハンカチを借りて、その場で人形に仕立てても楽しいでしょう。「手を洗おう」という生活指導のきっかけ作りに、ハンカチ人形を使ってちょっとしたシアターを見せるのもアイディアです。

38 帰りの会の前に ちらり劇場

保育者の肩から、ぬいぐるみの顔がチラチラと見え隠れ……。単純なシアターですが、子どもたちはその動きに興味津々。子どもたちとのやりとりを楽しみながら演じてみましょう。

準備

20センチほどの小さなぬいぐるみ、
45センチ程度のものさし（そのほかの棒でもOK）、輪ゴム（太いものがベター）

ものさしの先にぬいぐるみの胴体を輪ゴムで留めるだけでOK。2カ所を留めるとより安定します。

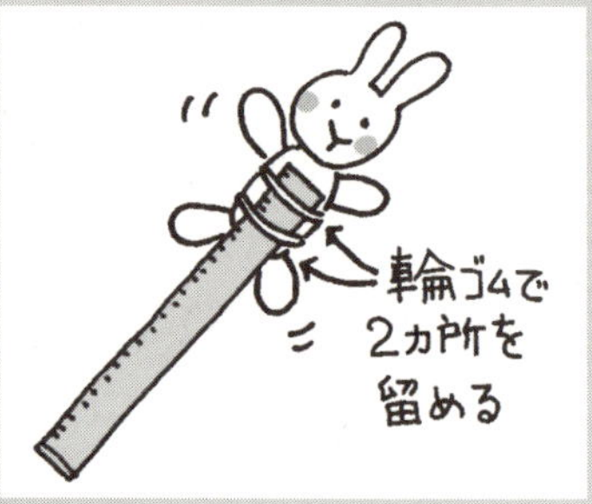

動かし方のコツ

片方の手でものさしの端を固定し、もう片方の手で振り子のように左右に動かして練習を。ものさしの面を保育者の背中に這わせるようにすると、ぬいぐるみの向きがずれにくく、うまく操作できます。

「今日もいっぱいあそんだねー」

背後に隠したぬいぐるみを、チラチラとのぞかせながら、
子どもたちに話しかけて、反応を待ちます。

「先生の後ろに、うさぎがいるよ！」

そんなふうに反応してきたら…

ぬいぐるみにものさしをつけて動かす

小人数〜クラス単位

日常保育の合い間に。
子どもたちの緊張が解けない、学期初めのさまざまな活動の前にも使えます。

「え？ うさちゃんがいるの？どれどれ…いないよ!?」

子どもが指し示す方向を見ながら、すばやくぬいぐるみを引っ込めます。子どもたちの反応に合わせながら、ぬいぐるみのほうを見る、引っ込めるの動作を繰り返しましょう。

「そこに隠れているよ!」

「わー! ビックリした!」

タイミングを見計らい、ぬいぐるみと鉢合わせたふりをして、大げさに驚きます。

ワンポイントアドバイス

何と言っても、出す、引っ込める、のタイミングが肝心。子どもたちは、見つかりそうで見つからないかくれんぼのような動きに、ついひき込まれていくのです。子どもたちの前で見せる前に、鏡の前で少し練習しておくといいですね。

Go! Next!

「いたずらしてないで、出ておいでよ」と言ってぬいぐるみを前に出します。以降は、ぬいぐるみと保育者とのかけ合いを見せながら、会を進行させるとスムーズに。

39 冬のイベントの前に にょろマフラー

マフラーと手袋を使った即興シアター。子どもたちの目の前でマフラーを「にょろ人形」に変身させ、イベントの進行をさせましょう。腕から長く垂れ下がるので、アクションが大きく見えるのもポイントですよ。

準備　マフラー、手袋、フェルト（粘着つき）または丸シールなど、はさみ

1　イラストのようにマフラーを折ります。
2　Bに、Aの部分をてのひらと一緒に入れ、下になったほうのマフラーを引っ張って調整します。
3　フェルトや丸シールで目をつけます。
4　頭に手袋を差し込むと耳のよう!

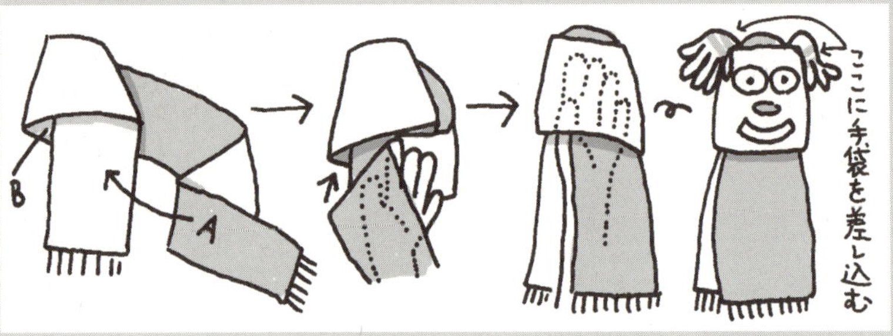

「にょろ～、にょろ～。先生と一緒ににょろちゃんがついてきちゃった」

マフラーを両手で漂わせながら登場します。

マフラー&手袋を結んで入れて

中人数～複数クラス

クリスマス会や冬のお誕生日会の前だけでなく、
帰り支度を始めるときなど、日常保育の合い間にも使えます。

「お外に出るまで待っていて、って言ったのに…」

机の上にマフラーを置き、子どもたちに話しかけながら、
にょろ人形を作ります（左ページ1～3のプロセスまで）。

にょろちゃんが
またついて
きちゃったあ
〜〜
にょろちゃん
どこ？
にょろちゃん
だよ
？

「ホントに困ったにょろちゃんだね」

にょろ人形を子どもたちの
前に登場させます。

「なになに？　耳がない？ゴメンね。忘れてた!」

にょろ人形に耳を寄せて内緒話をし、
いったん降ろして頭に手袋をつけ、
ふたたび子どもたちに見せます。

〜手袋

ワンポイントアドバイス

子どもたちの手袋がすぐに出せるシチュエーションなら、子どもから手袋を借りても楽しいでしょう。「こっちの耳も好き」「こっちの耳もカッコいい」などと、表情の変化を見せていきます。長めのマフラーの両端を使えば、2つのにょろ人形でかけ合いもできますよ。

40 身体測定の前に ベロベロエプロン

はじめての身体測定に不安を抱く子どもたち。メジャーをしかけたエプロンで、その不安を取り除いてあげましょう。どんどん伸びてヒュルリと引っ込むベロを見れば、ドキドキの緊張感も吹っ飛びます。

準備 エプロン、裁縫メジャー、洗濯バサミ、フェルト、ひも、両面テープ、布テープ、はさみ、ぬいぐるみ

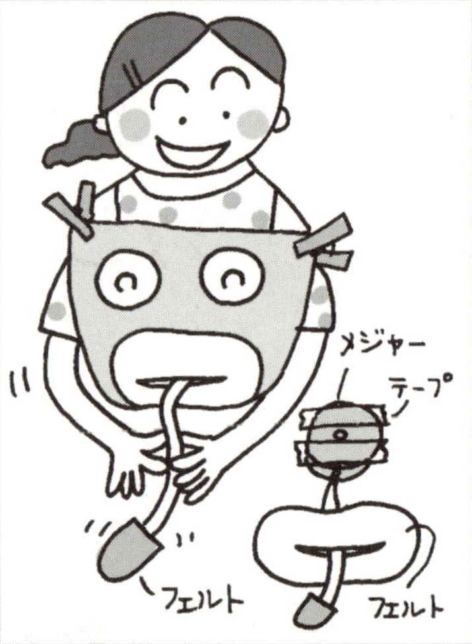

1 エプロンを半分ほどめくり、裁縫メジャーを布テープで貼ります。
2 フェルトを大きな口の形に切り、真ん中に切れ目を入れて、メジャーの先端を出します。
3 2のフェルトを、メジャーを覆うように両面テープでエプロンに貼ります。
4 メジャーの先に舌の形に切ったフェルトを貼り、エプロンに目を貼って完成。
5 パフォーマンスをするときは、エプロンを半分ほどめくり、洗濯バサミで袖に留めます。

「身体測定って、何するのかな？」

子どもたちの不安を言葉にしてみます。

エプロンに
しかけをして

小人数～クラス単位

舌が伸びるおもしろさだけでも、十分に子どもたちの注目を集める手段に。
ふれあいあそびの前など、日常保育の合い間に使えます。

「ベロベロさんに任せて～」

声色を使って演じ、エプロンをめくって顔を登場させます。
めくったエプロンは、洗濯バサミで肩ひもに
留めておきましょう。

「くまさんですね。フムフム……20センチでーす」

舌をビョーンと伸ばし、
ぬいぐるみの長さを測ります。

「はいおしまい！あっという間に終わったね」

ヒュルルとメジャーを引っ込めます。

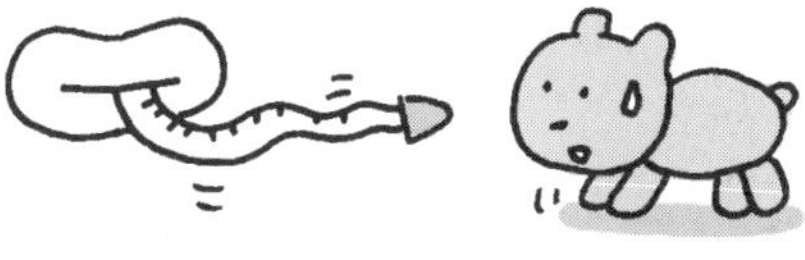

ワンポイントアドバイス

メジャーを間近で見せ、測る道具であることを教えましょう。身体測定の器具を見ても、「ベロベロさんと似ているね」と言ってあげれば、緊張しなくなるはず。

Go! Next!

「みんなが、どれぐらい大きくなったか調べるんだね」「おもしろそうだね」とつなぎながら、身体測定の準備に入ります。

41 日常保育の合い間に飛び出すおなか

園にも慣れ、ちょっとやそっとのことでは驚かない子どもたち。でも、突然、保育者のおなかがビョヨヨーンと飛び出したとしたら!?　ありえないアクションで子どもたちの注目を一気に集めましょう。

腕を隠して動かす

小人数～クラス単位

遠足や運動あそびの前、ふれあいあそびの前にも使えます。

準備

大きめのセーター、またはダボっとしたジャージ、色画用紙、はさみ

1　色画用紙などで目を作り、胸の下辺りに両面テープで貼ります。
2　片腕を袖から抜き、おなかに隠しておきます。もう一方の腕を抜いたほうの袖口に入れ、おなかの前で手を組んでいるように見せます。

手を隠しておく

動かし方のコツ

袖に通したほうの腕を振り上げ、もう一度下ろしきったところで、おなかに隠した腕を勢いよく前に突き出します。「両腕が動いているのにナゼ?」と、子どもたちは不思議に思うはず。この動きを連続して行なうと迫力がアップ!

「…………………。」
「ワッ!」
子どもたちの視線をおなかにつけた目に集めます。
子どもたちが集まってきたところで、第一撃!ワッと声を出しながら動かすと効果的ですよ。

ワンポイントアドバイス

間近で見るほどおもしろい動作です。できるだけ子どもたちに近い位置で行ないましょう。動かす前にしかけがばれないように、早いタイミングで第一撃を行なうのがコツ。

編著者紹介

グループこんぺいと

幼・保・小の教師９人が集まって、保育現場を持ちながら企画編集する会社を設立。神奈川県相模原市相模大野と東京都世田谷区に子どものためのスペースを持つ。

〒158-0082
東京都世田谷区等々力2-32-11
ドウェリング等々力梓305
http://www.compeito.jp

編集協力／**築地制作所（神崎のりこ・木村里恵子）**
造形作家（立花愛子、佐々木伸、とりごえこうじ、いしかわまりこ）とフリーランスの編集者４名によるユニット。子どものための造形、遊び、活動をテーマに、雑誌、書籍、テレビ、イベントなど媒体を問わずに活動を展開中。本書のアイディアを提供。

イラスト：**みうらえりこ**
デザイン：**小平アキオ（オフィス・フロッグス）**
カバーデザイン：**長谷川あさ**
撮　　影：**大村昌之**

活動《かつどう》を始《はじ》める前《まえ》のちょこっとシアターBEST41

2005年２月20日　初版発行
2010年１月31日　14刷発行

編著者　グループこんぺいと
発行者　武馬久仁裕
印　刷　株式会社　太洋社
製　本　株式会社　太洋社

発行所　株式会社　黎《れい》明《めい》書《しょ》房《ぼう》

〒460-0002　名古屋市中区丸の内3-6-27　EBSビル
☎052-962-3045　FAX052-951-9065　振替・00880-1-59001
〒101-0051　東京連絡所・千代田区神田神保町1-32-2
南部ビル302号　☎03-3268-3470

落丁本・乱丁本はお取替いたします。
ISBN978-4-654-00194-1